Dr. med. Viola Andresen | Dr. med. Jörn Klasen
Dr. med. Matthias Riedl | Dr. med. Silja Schäfer

Die Ernährungs Docs

Unsere ANTI-JO-JO METHODE

Mit Texten von Franziska Pfeiffer und
Rezepten von Martina Kittler

Inhalt

DIE SYMBOLE BEI DEN REZEPTEN

- Antientzündlich
- Low Carb
- Gesunde Fette
- Vegan
- Proteinreich
- Vegetarisch

Richtig essen gegen Übergewicht

Viele Menschen leben zwar gesundheitsbewusst und wissen um die schädlichen Folgen von Übergewicht, sie schaffen es aber trotzdem nicht, überschüssige Pfunde loszuwerden. Denn sie haben meist schon einige vergebliche Abnehmversuche hinter sich. Gegen den Jo-Jo-Effekt hilft nur eine dauerhafte Ernährungsumstellung.

Die Fakten sind ernüchternd: Wir werden im Durchschnitt immer dicker. Bereits heute bringen mehr als die Hälfte aller Deutschen zu viel Gewicht auf die Waage. Und die Tendenz geht weiter nach oben. Übergewicht ist für manche nicht nur ein ästhetisches Problem, es erhöht auch das Risiko für zahlreiche Krankheiten, verstärkt bereits vorhandene Beschwerden und verhindert bei vielen Menschen, dass sie sich ausreichend bewegen. Die Coronapandemie hat das Ganze noch verschlimmert.

Vielleicht gehören Sie auch zu denen, die sagen: „Klar, ich weiß genau, dass mein Gewicht meine Gesundheit gefährdet, und würde nichts lieber tun, als endlich abzunehmen. Aber ich schaffe es einfach nicht." Sie haben hoch motiviert schon so manche Diät begonnen, die versprach, das Problem mit ein paar Hungertagen schnell zu lösen. Sie haben dann auch ein wenig abgenommen, den Versuch aber nach kurzer Zeit doch wieder abgebrochen. Eventuell konnten Sie mit viel Willenskraft durchhalten und trotzdem ließ die Ernüchterung nicht lange auf sich warten. Denn danach war das alte Gewicht schnell wieder erreicht oder gar übertroffen und Sie mussten sich fragen: „Was habe ich bloß falsch gemacht?" Die Erklärung ist recht einfach: Der gefürchtete Jo-Jo-Effekt hat zugeschlagen. Das Gewicht ist heruntergepurzelt wie bei einem Jo-Jo und danach wieder hochgesaust. Frei nach dem Motto: je weiter runter, desto stärker wieder nach oben. Das ist ein normaler Vorgang, mit dem der Körper sich vor einer Hungersnot schützen möchte. Der Effekt tritt vor allem nach stark kalorienreduzierten Crash-Diäten ein. Doch so muss es nicht sein. Machen Sie es mit unserer Anti-Jo-Jo-Methode besser! Stellen Sie sich realistisch auf eine mittelfristige, wenn nicht sogar langfristige Änderung Ihrer Ernährungsgewohnheiten ein. Mit 5-Tage-Diäten oder 2-Wochen-Kuren ist jetzt endgültig Schluss!

Wir versprechen keine Wunder, sondern raten zu einer einfachen, aber dauerhaften Ernährungsumstellung, für die Sie nicht hungern müssen. Statt Weglassen ist Tauschen die Devise! Bei unserem praxisbewährten Programm stehen frische Lebensmittel mit schlank machenden Eigenschaften im Mittelpunkt: Gemüse wirkt wie Medizin, zuckerarmes Obst sorgt für Vitamine, gesundes Eiweiß hält lange satt und verhindert Heißhunger, das richtige Fett macht fit. Passend dazu gibt es 70 leckere Rezepte, die Ihnen und Ihrer Figur bestens schmecken werden. Probieren Sie es aus! Vielleicht merken Sie dann, dass Abnehmen sogar Spaß machen kann.
Viel Erfolg wünschen

ENDLICH DAUERHAFT ABNEHMEN

Einfach eine Zeit lang weniger Kalorien zu sich nehmen, um Übergewicht abzubauen und nie wieder dick zu werden? So leicht ist es leider nicht. Um nachhaltig und dauerhaft zur Wunschfigur zu gelangen, muss man in der Regel lieb gewonnene, aber gesundheitsschädliche Gewohnheiten für immer ablegen beziehungsweise verändern. Eine ausgewogene Ernährung steht dabei im Mittelpunkt, doch auch die Motivation und ausreichend Bewegung spielen eine große Rolle.

Gegen den Jo-Jo-Effekt: besser essen statt hungern

Um abzunehmen und danach für immer schlank zu bleiben, hilft keine vorübergehende Diät. Denn der Körper schaltet auf Sparflamme und setzt alles daran, weniger Kalorien zu verbrauchen, wenn er hungern muss. Das führt in einen Teufelskreis aus Zu- und Abnehmen, dem man aber zum Glück entkommen kann.

Die meisten wissen, dass Übergewicht auf Dauer krank machen kann. Viele finden aber keinen geeigneten Weg, um die „Kilos zu viel" wieder loszuwerden. Statt die Ernährung langfristig zu ändern, hoffen sie auf schnelle Lösungen im Sinne von „Einmal möglichst viel abnehmen und dann weitermachen wie immer". Dabei stoßen sie oft auf ein merkwürdiges Phänomen: Je mehr sie kurzfristig erreichen wollen, desto geringer wird die Chance, langfristig ans Ziel zu kommen. Wer schon mal harte Diäten probiert hat, kennt das aus Erfahrung: Man hält ein paar Tage oder sogar Wochen durch und nimmt ab, kehrt aber danach wieder zu den alten Gewohnheiten zurück. Nach kurzer Zeit sind die verlorenen Pfunde wieder da. Und nicht nur das – schlimmstenfalls haben sie noch ein paar neue mitgebracht. Der nächste Versuch verläuft ähnlich, das Abnehmen wird mit jedem Mal schwieriger. Der Organismus erlebt das Diäthalten als Notfallmodus und bunkert alles als Fettpolster, was er an Energiereserven kriegen kann. Der Stoffwechsel wird langsamer, der Hunger größer. Wenn der Blutzucker dann auch noch aus dem Gleichgewicht gerät, verschlimmert Heißhunger das Problem. Unser Gehirn möchte immer wieder zu seinem jemals erlangten Höchstgewicht zurück und tut alles dafür, um dies zu erreichen. Es reguliert sogar die Hormone entsprechend. Das sogenannte Hungerhormon Ghrelin sorgt für mehr Appetit, das Sättigungshormon Leptin steuert nicht gegen, wie es das sonst tun würde.

DIE MUSKELMASSE GEHT VERLOREN, DER GRUNDUMSATZ SINKT

Das Ganze nennt man Jo-Jo-Effekt. Denn wenn Diäten mehrfach scheitern, bewegt sich unser Gewicht wie ein Jo-Jo auf und ab. Das Prinzip dahinter: Der Körper bekommt erst einmal weniger Nahrung und baut Fett ab. Die Betroffenen werden schlanker, die Waage bestätigt das. Um den Energiemangel zu kompensieren, holt der Organismus sich nun seine Energie aus den Reserven. Als Erstes greift er dabei nach den schnell verfügbaren Kohlenhydraten und geht dann an die Eiweißdepots. Danach ist das Fett dran, während der Eiweißabbau weitergeht. Ist man jetzt nicht sportlich aktiv, verliert man Muskelmasse und der Grundumsatz sinkt. Gleichzeitig muss der Organismus sich daran gewöhnen, dass weniger kommt. Dafür fährt er den Stoffwechsel herunter und arbeitet auf Sparflamme weiter. Nun ist die Diät zu Ende. Es werden wieder so viele Kalorien aufgenommen wie früher. Der Körper baut die Überschüsse aber nicht mehr ab, sondern speichert sie als Fett, weil er für eine ausgewogene Energiebilanz jetzt weniger Nahrung braucht als vorher. Die ernüchternde Erkenntnis: Die überschüssigen Pfunde sind schneller wieder da, als sie verschwunden sind. Der Rhythmus besteht aus hungern, abnehmen, normal essen und wieder zunehmen. Das ist aus Sicht der Evolution sinnvoll. Wenn weniger Energie in Form von Nahrung kommt, muss auch weniger verbraucht werden: so die Logik, nach der es immer ums Überleben geht. Ohne diese lebensrettenden Mechanismen hätten unsere Vorfahren Hungerphasen nicht überstanden. Deshalb handelt es sich beim schnellen Abnehmen aus Sicht des Körpers um eine Art „Hungersnot". Der Jo-Jo-Effekt tritt normaleweise dann auf, wenn man seine Diät als vorübergehende Maßnahme betrachtet, die man eine gewisse Zeit durchhalten muss, um danach wieder zu den alten Mustern zurückzukehren. Schlimmstenfalls können aus dem ständigen Auf und Ab Essstörungen wie übermäßige Heißhungerattacken, Magersucht oder Bulimie entstehen.

NAHRUNGSÜBERANGEBOT MIT FATALEN FOLGEN

Auf diesen Mechanismus haben die Menschen in der Überflussgesellschaft noch keine Antwort. Wir schaffen es offenbar nicht, dauerhaft ein vernünftiges Maß zu finden. Und kein äußerer Grund zwingt uns dazu, weil Nahrung heute so gut wie immer verfügbar ist. Denn der nächste Supermarkt hat lange Öffnungszeiten. Die Imbissbude versorgt uns im Notfall auch in der Nacht. Wir müssen uns nicht einmal mehr bewegen, um an Essen zu kommen. Der Lieferservice klingelt an der Haustür, wenn wir das wünschen. Das hat die Evolution nicht vorgesehen. Und die Folgen sind fatal.

Im Durchschnitt sind mehr als die Hälfte aller Deutschen zu dick. Im Seniorenalter trifft es inzwischen 70 Prozent aller Männer und 56 Prozent der Frauen. Ab 65 Jahren sind 20 Prozent der Deutschen sogar fettleibig – Tendenz steigend. Die Gründe dafür sind recht einfach: Wir essen zu viel, vor allem Ungesundes, und bewegen uns zu wenig. Der Alltag erfordert kaum körperliche Tätigkeiten, dafür steht Essen im Überfluss rund um die Uhr zur Verfügung. Auch für andere Länder sind die Aussichten düster: Der Welt-Übergewichts-Atlas prognostiziert, dass bald auch die Hälfte der Weltbevölkerung überge-

EIN TEUFELSKREIS: DER JO-JO-EFFEKT

1. Sie möchten Gewicht verlieren.
2. Sie essen zu wenig.
3. Der Körper baut Fett ab, das Gewicht geht runter.
4. Der gesamte Organismus geht in den Energiesparmodus.
5. Das Abnehmen wird schwerer.
6. Sie essen noch weniger.
7. Der Körper holt Energie aus den Reserven.
8. Der Stoffwechsel arbeitet auf Sparflamme.
9. Sie nehmen nicht mehr ab, fühlen sich schlecht und essen wieder so wie vorher.
10. Sie nehmen wieder zu.

wichtig sein könnte. Zum Vergleich: Im Jahr 2020 waren es „nur“ 38 Prozent. Ein besonders großer Anstieg wird bei Kindern erwartet; hier rechnet man damit, dass der Anteil bis zum Jahr 2035 von derzeit zehn Prozent bei den Jungen auf 20 Prozent steigt, der der Mädchen von acht auf 18 Prozent.

90 PROZENT ALLER DIÄTEN SCHEITERN

Die Bilanz in Sachen Diät ist ernüchternd. Umfragen zufolge hat jede zweite Frau und jeder vierte Mann bereits eine Schlankheitskur ausprobiert, vier von fünf Frauen haben mindestens einmal wieder abgebrochen. Langfristig scheitern 90 Prozent aller Diäten. Letztendlich sollte man sich der Erkenntnis fügen, dass kein Diätkonzept auf die Dauer funktioniert, auch wenn es am Anfang Erfolge beschert. Die Gründe dafür sind vielfältig.

Unrealistische Werbeversprechen

Oft beginnt es damit, dass man sich unrealistische Ziele setzt. Jeden Tag ein Kilo runter, minus 20 Pfund im Monat – solche Vorsätze sind nicht zu schaffen. Die Motivation schwindet schnell. Was zurückbleibt, ist Frust. Das Gefühl „Ich schaffe das ja doch nicht. Jetzt ist es auch egal, was ich esse“ führt schnell zum Schokoriegel. Wer sich auf falsche Werbeversprechen einlässt, wird ebenfalls enttäuscht. Glaubt man Konzepten, mit denen man angeblich allein durch Kohlsuppe, Paleo, vegetarische Kost, den Verzicht auf Fett oder den Vorsatz „Nie wieder Zucker“ Gewicht verliert, hört man ziemlich schnell wieder damit auf. Es klappt vielleicht ein paar Tage lang, doch einseitige Diäten sind auf längere Zeit gesehen ebenso wenig durchzuhalten wie extreme Kalorienreduktion.

Konzepte passen nicht zum eigenen Leben

Hinzu kommt, dass viele Abnehmprogramme, selbst wenn es sich dabei nicht um Crash-Diäten handelt, nicht zum Lebensrhythmus passen und deshalb schnell wieder abgebrochen werden.
Wer seine Gewohnheiten in kurzer Zeit komplett umstellen muss, um anders zu essen, überfordert sich selbst. Das alte Verhalten kehrt dann Schritt für Schritt in den Alltag zurück – mit den verlorenen Kilos im Schlepptau. Besonders heimtückisch:

VORSICHT, DIÄT!

SO ERKENNEN SIE FALSCHE VERSPRECHEN

- Weniger als 1000 Kalorien täglich sind auf Dauer zu wenig und können der Gesundheit schaden.
- Angebliche Erfolgsversprechen wie „Garantiert 7 Kilo in 7 Tagen“ sind unseriös.
- Das Diätkonzept ist einseitig und voller Verbote.
- Es gibt keinerlei Anreize für mehr Bewegung.
- Die Werbung verspricht, dass man dauerhaft mehr als ein Pfund pro Woche abnimmt.
- Die Diät funktioniert nur, wenn man bestimmte Produkte regelmäßig kauft.
- Die Vorgaben lassen keinen Raum für gelegentliche Ausnahmen.
- Im Mittelpunkt stehen Wunderpillen oder Schlankheitspräparate.
- Statt zu frischem Obst und Gemüse raten die Anbieter zu teuren Nahrungsergänzungsmitteln, die sie selbst verkaufen.

Vergebliches Abnehmen ist nicht einmal gesund. Studien haben gezeigt, dass jemand, der erst zehn Prozent seines Gewichts verliert und danach zwei bis vier Prozent wieder zunimmt, keinerlei gesundheitliche Vorteile davon hat.

Zu schnell und ohne festen Rhythmus

Viele Menschen essen zu schnell und steigern sich in regelrechte Fressattacken hinein, nachdem sie sich einmal etwas verboten haben. Dabei müssten sie, um nicht in die Jo-Jo-Falle zu tappen, nach der Diät erst mal ein kleines Energiedefizit aufrechterhalten. Stattdessen gibt's zu viel Süßes, allein oder in Kombination mit Fettigem, das schnelle Sättigung und gute Gefühle verspricht (siehe Seite 24). Es fehlt an Zeit und Muße zum Selbstkochen. Ungesundes macht einen Großteil der Nahrung aus, obwohl man genau das eigentlich vermeiden wollte. Eine weitere Ursache fürs Scheitern: Statt auf regelmäßige sättigende Mahlzeiten setzen Abnehmwillige oftmals auf viele Snacks zwischendurch, weil sie glauben, dadurch mit weniger auszukommen. Das ist aber ein Trugschluss, denn sie gönnen dem Körper keine Esspausen. Damit hat der Insulinspiegel keine Chance, vollständig abzusinken.

Das Gehirn verlangt nach Zucker

Nicht zuletzt sabotiert auch das Gehirn unbewusst Diäten, die dem gesamten Organismus nicht guttun. Das liegt daran, dass es ständig nach Zucker verlangt und die Hälfte des täglichen Bedarfs allein verschlingt. In Stressphasen ist der Hirnhunger sogar noch größer. Wir gieren regelrecht nach Zucker. Bekommt die Gedankenzentrale dann nicht genug Glukose (Zucker), wird's ungemütlich. Wir werden gereizt, fühlen uns müde und gleichzeitig unruhig. Um aus diesem Zustand wieder herauszukommen, meldet sich der Hunger. Wer dem Gefühl widersteht, um seine geplante Diät durchzuhalten, wird im nächsten Schritt von Heißhungerattacken heimgesucht. Die alten Gewohnheiten sind im Nu zurück, die Vorsätze in Sachen Abnehmen gescheitert.

Emotionales Essen

Auch wenn wir glauben, unser Essverhalten mit ausgeklügelten Diätplänen „vernünftig" steuern zu können, erliegen wir meist einem Irrtum. Denn Essen ist eine höchst emotionale Angelegenheit. Schätzungen zufolge sind etwa ein Drittel der Deutschen sogenannte emotionale Esser. Das heißt, dass sie etwas zu sich nehmen, obwohl sie keinen Hunger haben und der Körper eigentlich gar keine weiteren Kalorien braucht. Die Nahrungsaufnahme dient dann zum Trost oder zur Unterhaltung. Sie soll gegen Einsamkeit oder Langeweile helfen oder als Ventil fungieren, um Stress abzubauen. Es geht immer darum, negative Gefühle zu kompensieren. Bei diesem Frustessen sind vor allem Chips, Schokolade, Eis, Kuchen und Kekse schnell zur Hand. Sobald das regelmäßig passiert, wird es zum Problem (siehe Seite 12).

Die Stimmung sinkt, der Antrieb lässt nach

Unter Stress gelingt vieles schlechter. Wir kehren gerne zu alten Gewohnheiten zurück, wenn es anstrengend wird. Auch eine Ernährungsumstellung kann Stress auslösen, denn gelernte Bewältigungsmechanismen (wie etwa Frustessen) stehen nicht mehr zur Verfügung. Etwa die Hälfte aller Menschen essen unter Druck mehr. Ein Kaloriendefizit versetzt den Organismus in Alarmbereitschaft. Das kann die Hormone Adrenalin und Cortisol auf den Plan rufen, die wiederum den Blutzucker- und Insulinspiegel ansteigen lassen und Hungergefühle auslösen. So macht Stress das Abnehmen gleich doppelt schwer. Um die dick machenden Hormone wieder abzubauen, ist vor allem Sport eine erstklassige Methode (siehe Seite 44). Außerdem sorgt Bewegung für gute Laune, weil mehr Glückshormone produziert werden.

Die 7 Arten von Hunger

Manchmal führt vermeintlicher Hunger zu sinnlosem Essen. Um das eigene Verhalten zu durchschauen, sollten Sie die sieben Hungerarten kennen. Das hilft herauszufinden, wann der verspürte Hunger ein echtes Essbedürfnis ist und wann der Appetit uns einen Streich spielt.

Der Magenhunger

Dieser Hunger erinnert mit Knurren daran, dass es wieder Zeit zum Essen ist. Der Magenhunger ist ein echter Hunger, er entwickelt sich langsam und berechenbar. Mit gesunden Snacks wie Möhren-Sticks oder ein paar Nüssen lässt er sich besänftigen, bis das Essen (die „richtige Mahlzeit“) fertig ist.

Der Augenhunger

Das Auge isst bekanntlich mit – und löst Lust aufs Essen aus. Der Augenhunger meldet sich, sobald etwas Essbares ins Blickfeld rückt. Zum Beispiel der Kuchen in der Auslage beim Bäcker. „Das muss ich haben“, heißt es dann. Die beste Gegenmaßnahme: schnell woanders hinsehen und sich ablenken.

Der Mundhunger

Zarte Schokolade, die im Mund zerfließt. Süße Getränke, die den Blutzuckerspiegel steigen lassen. Der Mundhunger verführt dazu, Überflüssiges und vor allem immer mehr zu essen, auch wenn man eigentlich satt ist. Wer zu den Mahlzeiten regelmäßig genug zu sich nimmt, ist meist vor ihm geschützt.

Der Nasenhunger

Es riecht so lecker? Klarer Fall für den Nasenhunger! Kein Wunder, wenn es uns immer der Nase nach zur nächsten Pommesbude zieht. Als Schutzmaßnahme gilt wie beim Augenhunger: ablenken, Abstand halten und auf die nächste gesunde Mahlzeit konzentrieren.

Der Herzhunger

Stress, Frust, Langeweile – die Seele sehnt sich nach Belohnung? Dann tritt gerne der Herzhunger auf und verlangt nach einer tröstenden Mischung aus Süßem und Fettigem. Ein Burger mit Pommes löst ebenso wie ein Stück Sahnetorte kurzfristig Glückshormone aus. Leider ist der Frust danach vorprogrammiert. Besser: kurz innehalten, tief durchatmen und überlegen, was statt Essen tröstet. Auch soziale Kontakte, am besten Nähe zu den Liebsten, hilft hierbei.

Der Gedankenhunger

Bei dieser Form des Hungers sind die Gedanken entscheidend. Oft sind es Glaubenssätze („Du musst jetzt essen, weil es 13 Uhr ist“), die sich nicht unbedingt an den Bedürfnissen orientieren. Zu erkennen ist er an Worten wie „Du solltest …“, „Es ist verboten …“ oder „Man darf nicht …“. Wer sich davon frei macht und auf seinen Körper hört, kann den Gedankenhunger besiegen.

Der Zellhunger

Der Zellhunger hat eine wichtige Funktion: Kommt es zu einem Mangel, zeigt der Zellhunger an, dass den Zellen etwas fehlt (etwa bei einseitigen Diäten). Wir haben plötzlich ein verstärktes Bedürfnis nach frischem Obst oder spüren Durst. Haben wir zu viel Süßes gegessen, verlangt der Zellhunger etwas Herzhaftes. Je besser man sich ernährt, desto seltener muss der Zellhunger eingreifen.

ÜBERGEWICHT UND DIE FOLGEN FÜR DIE GESUNDHEIT

Ein paar Pfunde zu viel sind in der Regel erst einmal kein gesundheitliches Problem, solange man sein Gewicht in diesem Rahmen über lange Zeit hält. Das kann sich aber schnell ändern. Denn wenn man bereits übergewichtig ist, wird jedes zusätzliche Kilo zum Risikofaktor. Das gilt selbst dann, wenn wichtige Werte wie der Blutdruck, der Blutzuckerspiegel und das Cholesterin noch im normalen Bereich liegen. Im Rahmen einer groß angelegten Studie des University College London unter der Leitung von Camille Lassale wurden mehr als 7600 herzkranke Probanden mit herzgesunden verglichen. Dabei zeigte sich, dass der Stoffwechsel mit steigendem Gewicht leidet und Werte wie Blutdruck, -zucker und Cholesterin schneller in den roten Bereich rutschen.

Viele Lebensjahre mit Krankheiten

Zu den langfristigen Folgen von Übergewicht zählen zahlreiche Krankheiten, in erster Linie Herz-Kreislauf-Erkrankungen und die Zuckerkrankheit Diabetes Typ 2. Ausschlaggebend für den Ausbruch eines Diabetes ist die Kombination aus Überessen und zu wenig Bewegung - sie ruft eine Insulinresistenz hervor (siehe Kasten rechts). Eine weitere Gefahr von Übergewicht sind Gefäßschäden, die unter anderem zu Herzinfarkten, Schlaganfällen, Leberentzündungen oder Nierenschäden führen können. Das Immunsystem wird durch zu viele überschüssige Kilos geschwächt - man wird anfälliger für Krankheiten und auf die Dauer verkürzt sich die Lebenserwartung. Übergewicht schadet nicht nur dem Körper, auch psychische Erkrankungen wie Ängste, Depressionen oder bipolare Störungen treten bei stark Übergewichtigen nachweislich häufiger auf als bei Menschen mit einem normalen und nur leicht erhöhten Gewicht. Wer im mittleren Lebensalter fettleibig wird, ist später im Durchschnitt doppelt so lange krank wie jemand, der sein gesundes Gewicht halten kann. Das sind Gründe genug, frühzeitig das eigene Gewicht dauerhaft in den Griff zu bekommen (siehe Seite 15).

DIABETES TYP 2: SO ENTSTEHT EINE INSULINRESISTENZ

Bei der Stoffwechselerkrankung Diabetes befindet sich zu viel Zucker (Glukose) im Blut und im Gewebe, weil die Betroffenen zu große Mengen und vor allem das Falsche essen. Zu einer solchen Überzuckerung kommt es, wenn das Hormon Insulin, das in der Bauchspeicheldrüse produziert wird, nicht mehr ausreichend wirken kann. Normalerweise hilft Insulin, den Zucker in die Zellen zu schleusen und dafür zu sorgen, dass der Zuckerspiegel im Blut sinkt. Wenn die Bauchspeicheldrüse aber pausenlos immer mehr Insulin produzieren muss, werden die Zellen mit der Zeit resistent dagegen. Der Mechanismus funktioniert nicht mehr: Die Glukose bleibt im Blut, der Blutzuckerspiegel ist dauerhaft erhöht. Diabetes Typ 2 entsteht vor allem durch zu viel zuckerreiche Nahrung, zu wenig Bewegung und zu wenig Esspausen zwischen den Mahlzeiten. Tritt Diabetes zusammen mit Übergewicht auf, ist das Risiko für Komplikationen erhöht. Leider merken wir sehr lange nichts davon, denn erhöhte Blutzuckerwerte verursachen keine Schmerzen. Erst wenn die Krankheit weit fortgeschritten ist, zeigen sich Symptome wie Schwindel, Müdigkeit, Schwäche, verstärkter Durst, vermehrter Harndrang und Übelkeit. Die gute Nachricht: Trotz der Schwere der Erkrankung lässt sie sich nicht nur mit Medikamenten behandeln, sondern kann auch mit einem gesunden Lebensstil geheilt werden.

GEFÄHRLICHES BAUCHFETT

Zu viel Fett in der Körpermitte ist besonders ungesund. Es deutet darauf hin, dass sich auch im Inneren rund um die wichtigsten Organe herum Fettspeicher gebildet haben. Dieses sogenannte viszerale Fett in der Bauchhöhle arbeitet wie ein Organ und gefährdet dabei die Gesundheit. Denn es ist stoffwechselaktiv, produziert und verbreitet Botenstoffe, die im ganzen Körper Entzündungen auslösen können und den Blutdruck ebenso wie die Insulinausschüttung beeinflussen. Außerdem produziert Bauchfett das Sättigungshormon Leptin, das von speziellen Zellen hergestellt wird, die Fett speichern. Viel Bauchfett bedeutet, dass man viele dieser Zellen hat. Das bleibt nicht ohne Folgen: Die Leptinkonzentration im Blut erhöht sich und der Körper entwickelt im Laufe der Zeit eine Resistenz gegen Leptin. Das Gehirn bekommt dann weniger Sättigungssignale, die Betroffenen essen mehr. Für Menschen mit Übergewicht ist das eine besonders frustrierende Erfahrung, denn sie fühlen sich häufig selbst dann noch hungrig, wenn sie eigentlich genug gegessen haben.

WANN MUSS ICH WIRKLICH ABNEHMEN

Bin ich eigentlich zu dick? Wer auf seine Gesundheit achtet, kommt um diese Frage nicht herum. Verschiedene Formeln geben Auskunft:

Einschätzung mit dem Body-Mass-Index

Der Body-Mass-Index (BMI) setzt das Gewicht ins Verhältnis zur Größe. Die Formel dafür lautet:

$$\text{BMI} = \frac{\text{Körpergewicht in kg}}{(\text{Größe in m})^2}$$

Zur Orientierung teilt die Weltgesundheitsorganisation (WHO) den BMI in verschiedene Klassen ein:

- Unter 18,5: Untergewicht
- 18,5–24,9: Normalgewicht
- 25–29,9: Übergewicht/Präadipositas
- 30–34,9: Adipositas (Fettleibigkeit) Grad I
- 35–39,9: Adipositas Grad II
- Über 40: Adipositas Grad III

Allerdings ist der BMI nur eine grobe Einschätzung, die weder das Alter noch die Muskulatur und die Verteilung des Körperfetts ausreichend berücksichtigt. Wer ausgeprägte Muskeln hat und gut trainiert ist, kann allein deshalb in den Bereich des Übergewichts rutschen. Hat jemand hingegen einen großen Bauchumfang und bewegt sich kaum, liegt das Gewicht häufig noch im Normalbereich, obwohl die Gesundheit bereits gefährdet ist.

Ein Maßband sagt mehr als jede Waage

Deshalb sagt ein Maßband in Sachen Gesundheit oft mehr aus als die Waage. Um den Bauchumfang zu ermitteln, ertasten Sie auf beiden Seiten des Körpers die obere Kante des Beckens und den untersten Rippenbogen. Genau dazwischen legen Sie das Maßband an. Zur Orientierung: Frauen sollten einen Umfang unter 80 Zentimetern, Männer unter 94 haben. Problematisch wird es bei Frauen ab 88, bei Männern ab 102 Zentimetern. Das gilt unabhängig davon, wie groß und wie schwer jemand ist. Auch das Verhältnis von Taillenumfang zur Körpergröße ist hilfreich, um das Fettverteilungsmuster zu beurteilen. Dafür messen Sie Ihren Bauchumfang, wie beschrieben, und teilen ihn durch Ihre Körpergröße (beides in Zentimetern). Das Ergebnis sollte bestenfalls unter 0,5 liegen. Wenn Sie über 40 Jahre alt sind, dürfen Sie diesen Grenzwert um 0,01 pro Lebensjahr erhöhen.

10 gute Gründe fürs dauerhafte Abnehmen

Die guten Vorsätze sind da. Sie würden gerne Ihre Ernährung umstellen, aber es fehlt noch der letzte Kick zum Loslegen? Dann lesen Sie diese Seite. Vielleicht hilft Ihnen das auf die Sprünge.

1

Mit weniger Pfunden werden Sie leistungsstärker, haben mehr Energie und kommen sprichwörtlich leichter durch den Alltag.

2

Wer Übergewicht abbaut, reduziert das Risiko für Diabetes Typ 2 um bis zu knapp 300 Prozent.

3

Bei schlanken Menschen muss das Herz weniger arbeiten, um den Körper mit Sauerstoff zu versorgen. Das Kreislaufsystem schafft mehr. Der Blutdruck sinkt.

4

Zu viele Pfunde belasten die Bandscheiben und führen zu Rückenschmerzen. In Untersuchungen zeigte sich, dass fast drei Viertel aller übergewichtigen Probanden Schädigungen an der Wirbelsäule hatten.

5

Eine schlanke Figur verringert das Risiko, an bestimmten Krebsarten zu erkranken. Ist die Krankheit bereits ausgebrochen, sinkt die Gefahr von Rückfällen, wenn man Übergewicht abbaut.

6

Je mehr überflüssige Pfunde jemand auf die Waage bringt, desto schneller verlaufen Alterungsprozesse. Die Lebenserwartung sinkt entsprechend.

7

Bei schlanken Menschen kommt es seltener zu Arthrose, da die Gelenke bei weniger Gewicht auch weniger verschleißen. Das gilt vor allem für Hüft- und Kniegelenke.

8

Eine Fettleber kann sich zurückbilden, wenn man Übergewicht abbaut und sich danach dauerhaft gesund ernährt.

9

Der Schlaf wird besser, denn Menschen, die zu viel wiegen, leiden oft unter Schlafstörungen – und ihnen drohen in der Nacht gefährliche Atemaussetzer (Schlafapnoe).

10

Das Immunsystem wird stärker, da weniger überschüssige Pfunde die Funktion der Abwehrzellen aktivieren.

Essen für die schlanke Linie: in 10 Schritten zum Erfolg

Mehr vom Richtigen, weniger vom Falschen – so lautet unsere Devise für ein gesundes Abnehmen ohne Jo-Jo-Effekt. Was Sie künftig bei der alltäglichen Ernährung beachten sollten, erfahren Sie hier. Sie müssen nicht alle 10 Schritte auf einmal gehen. Setzen Sie langsam eine Maßnahme nach der anderen um.

1. ESSEN SIE GEMÜSE

Bunt und gesund: Ob rote Tomaten, grüner Kohl, weißer Spargel oder gelbe Paprikaschoten – beim Gemüse können Sie kaum etwas falsch machen. Es enthält alles, was eine optimale Ernährung ausmacht. Dazu gehören unter anderem Vitamine, Mineralstoffe und sekundäre Pflanzenstoffe, die das Immunsystem stärken und die Zellen schützen. Verlassen Sie sich nicht auf Vitamintabletten oder andere Nahrungsergänzungsmittel, die ähnliche Wirkungen versprechen. Gemüse im Original bietet einen ganzen Reigen an Mikronährstoffen und Spurenelementen, die sich durch nichts ersetzen lassen. Zehn Minuten am Morgen (zum Beispiel, wenn der Kaffee durchläuft oder der Tee zieht) kann jeder aufbringen, um Gemüse für den Tag zu schneiden – sei es für den Salat zum Mittagessen oder für Rohkost-Sticks als Notfallsnack. Der Darm freut sich über reichlich Fasern. Und Sie werden so satt, dass es nicht zu Heißhungerattacken kommt. Wer Gemüse isst, nimmt automatisch weniger Kalorien, weniger Fett und weniger Cholesterin zu sich als jemand, der sich fleisch- und zuckerbetont ernährt. Das gilt auch für Hülsenfrüchte wie Bohnen, Erbsen oder Linsen, die den Jo-Jo-Effekt ebenfalls prima ausbremsen. Je mehr Wasser (z. B. in Tomaten, Salatgurken, Spargel) und Ballaststoffe (u. a. in Brokkoli, Hülsenfrüchten, Vollkornprodukten) stecken, desto besser ist es fürs Abnehmen. Sogenannte Bitterstoffe (etwa aus Radicchio, Chicorée, Rucola, Artischocken, grünem Blattgemüse, Grünkohl) bremsen übermäßigen Appetit auf Süßes und unterstützen die Leber beim Fettabbau.

► **Faustregel:** Die eine Hälfte roh, die andere gegart: Wenn Sie täglich 400 bis 500 Gramm Gemüse zu sich nehmen und das auf drei Portionen verteilen, sind Sie garantiert im grünen Bereich. Wer es besonders gut machen will, versucht, pro Woche 25 verschiedene Sorten Gemüse zu essen. Dann profitiert man vom vielfältigen Nährstoff-Mix.

2. SORGEN SIE FÜR AUSREICHEND EIWEISS

Ein Teller mit Gemüse oder Salat ist supergesund, hinterlässt aber schnell das Gefühl „Ich bin gar nicht richtig satt“. Das ist keine Einbildung oder gar eine Ausrede, um mehr zu essen, sondern ein klares Zeichen des Körpers dafür, dass ihm etwas fehlt. Er muss genug bekommen, damit wir nicht heißhungrig zum Kühlschrank laufen. Proteine sorgen für lange Sättigung und verhindern Heißhungerattacken. Eiweiß ist dabei mehr als nur ein Sattmacher, es ist unentbehrlich als Baustoff für Knochen, Muskeln und Gewebe. Auch die Hormone und das Blut benötigen Proteine beziehungsweise deren Bausteine. Der Körper kann einen Teil der wichtigen darin enthaltenen Aminosäuren nicht selbst herstellen und ist deshalb auf die Zufuhr über Lebensmittel angewiesen. Geht es ums Abnehmen, ist zum Beispiel die essenzielle Aminosäure Leucin ein Geheimtipp. Sie fördert den Muskelaufbau, stärkt Heilungsprozesse und steigert den Grundumsatz. Leucin kommt zum Beispiel in Weizenkeimen oder Erdnüssen vor. Pülverchen sind nicht nötig, die Proteinaufnahme lässt sich mit selbst gemachten Eiweiß-Shakes erhöhen (siehe Seite 64).

Der Tagesbedarf an Eiweiß liegt bei 1 bis 1,2 Gramm pro Kilogramm Körpergewicht. Die Bezugsgröße ist dabei das (angestrebte) Normalgewicht. Wer sehr viel Sport treibt, benötigt mehr: bis zu 2 Gramm pro Kilo Körpergewicht. Ältere und chronisch kranke Menschen brauchen bis zu 1,5 Gramm. Am besten verteilen Sie Ihre Eiweißportionen auf drei Mahlzeiten über den Tag. Beim Eiweiß kommt es nicht in erster Linie auf die Kalorienzahl an, sondern auf die Qualität. Die wird in der sogenannten biologischen Wertigkeit (BW) definiert. Sie zeigt, wie viel Eiweiß der Organismus aus der Nahrung in körpereigenes Protein umwandeln kann: je höher der Wert, desto besser. Der Referenzwert ist ein Hühnerei mit einer BW von 100, das wichtigste Kriterium ist dabei die Zusammensetzung der Aminosäuren. Durch eine Kombination mit anderen Lebensmitteln lässt sich die Qualität noch steigern. So ergibt ein Ei mit Kartoffeln (im Verhältnis ein Drittel zu zwei Dritteln) eine BW von 136. Aber auch pflanzliche Kombis wie etwa Getreide mit Hülsenfrüchten steigern die biologische Wertigkeit.

Wenn Sie sich auf die Suche nach proteinreicher Kost zum Abnehmen machen, werden Sie schnell auf zahlreiche Eiweißdiäten stoßen, die mit speziellen Protein-Shakes hohe Gewichtsverluste in wenig Zeit versprechen. Das mag zwar kurzfristig wirksam sein, ist aber auf lange Sicht keine Lösung. Viel besser: Decken Sie den Tagesbedarf mit Eiweiß aus unverarbeiteten Lebensmitteln. Nüsse (v. a. Mandeln, Walnüsse, Haselnüsse, Cashewkerne) und Kerne (etwa Kürbis- und Sonnenblumenkerne) zählen ebenso wie Tofu und Hülsenfrüchte (z. B. Bohnen, Linsen, Erbsen) zu den pflanzlichen Top-Eiweißlieferanten. Mageres Fleisch (Geflügel, Lammfleisch, Wild, Rinderfilet) sorgt für lange Sättigung, kann aber im Übermaß Entzündungen fördern und Gefäße schädigen. Auch Eier, Käse und Milchprodukte wie Magerquark, Hüttenkäse oder Skyr haben einen hohen Proteinanteil.

► **Faustregel:** Essen Sie zu jeder Mahlzeit genügend Eiweiß, am besten aus Pflanzen (Hülsenfrüchte, Tofu, Vollkorn, Nüsse) und fettarmen Milchprodukten, in Maßen auch aus magerem Fleisch, Fisch und Eiern. Idealerweise decken Sie Ihren Bedarf zu zwei Dritteln mit pflanzlichen Proteinen.

3. WÄHLEN SIE DIE RICHTIGEN KOHLENHYDRATE

Als Energielieferant und Treibstoff für Muskeln und Gehirn sind Kohlenhydrate unentbehrlich. Doch bei der Auswahl ist Vorsicht geboten. Je nachdem, welche Art von „Carbs" Sie essen, erwischen Sie entweder Dickmacher ohne Mehrwert oder Kohlenhydrate, die der Organismus nur langsam abbaut und die ihn mit wertvollen Nährstoffen versorgen.

Die „schnellen" kurzkettigen Kohlenhydrate sind leicht zu identifizieren: Sie stecken meist in Lebensmitteln, die ohnehin ungesund sind. Sogenannte leere Carbs finden sich zum Beispiel in Süßigkeiten, Weißbrot, hellem Reis, Nudeln, süßen Getränken, Wurstwaren, Fruchtjoghurt und in vielen Fertiggerichten. Sie enthalten keine Vitamine, keine Ballaststoffe, keine Mineralien und auch sonst nichts, was die Gesundheit und die schlanke Linie fördert. Im Gegenteil: Beim Jo-Jo-Effekt spielen sie eine zentrale Rolle. Denn wer viel davon isst, entwickelt regelrechten Heißhunger, der sich kaum stillen lässt. Ein typisches Beispiel sind Chips, von denen Sie eigentlich nur eine Handvoll knabbern wollten, dann aber doch die ganze Tüte vertilgen. Danach sind Sie nicht richtig satt, sondern spüren das Verlangen nach mehr. Das liegt daran, dass der Blutzuckerspiegel nach dem Verzehr von schnellen Carbs rasant steigt und genauso schnell wieder fällt, wenn kein Nachschub kommt.

Bei den „langsamen“ langkettigen Carbs ist das anders. Als Mehrfachzucker gelangen sie nicht direkt ins Blut, sondern werden erst nach und nach durch die Verdauung zerteilt und so verfügbar gemacht. Es entsteht kein überschüssiger Zucker, der als Fettdepot eingelagert werden muss. Die guten Carbs machen länger und nachhaltiger satt und versorgen uns nebenbei mit wichtigen Vitaminen, Pflanzen- und Ballaststoffen. Top-Lieferanten sind Vollkornprodukte, Kartoffeln, Hülsenfrüchte (wie Bohnen, Erbsen, Linsen und Kichererbsen), Nüsse, Quinoa und Haferflocken. Besonders wirksam werden Kohlenhydrate als sogenannte resistente Stärke, die im Dünndarm nicht verdaut werden kann und viele positive Eigenschaften für die Gesundheit hat (siehe Kasten rechts). Übrigens: Haferflocken, Bananen, Möhren, Vollkornbrot und gegarte Hülsenfrüchte enthalten von Haus aus resistente Stärke. Ein guter Orientierungswert für die Qualität von Kohlenhydraten bietet der glykämische Index (Glyx, siehe Seite 33), der die Carbs danach unterteilt, wie sie auf den Blutzucker wirken.

► **Faustregel:** Meiden Sie „schnelle“ Kohlenhydrate aus Zucker, Weizenmehl und Fertiggerichten und genießen Sie die langsam abbaubaren, die Ihnen lange Energie zur Verfügung stellen, Heißhunger verhindern und dem Körper wichtige Nährstoffe liefern. Diese komplexen Kohlenhydrate stecken vor allem in Gemüse, Vollkornprodukten und Hülsenfrüchten.

4. ACHTEN SIE AUF DAS BESTE FETT

„Ich verzichte auf Fett, um nicht fett zu werden.“ Nach dieser Devise haben unzählige Menschen jahrzehntelang vergeblich versucht abzunehmen. Denn meist haben sie dafür mehr raffinierte Kohlenhydrate wie Brot oder Weißmehlnudeln gegessen. Das ist zum Glück weitgehend vorbei. Die Behauptung, dass Fett allein dick macht, gilt schon lange nicht mehr. Heute weiß man, dass es auch bei diesem Nährstoff nicht auf die Menge und Kalorienzahl, sondern auf die Qualität ankommt. Gesunde Fette und Öle gehören genauso auf den Speiseplan wie hochwertiges Eiweiß und komplexe Kohlenhydrate. Sie liefern nur doppelt so viel Energie und haben deshalb ihren Ruf als Dickmacher. Unsere Zellwände brauchen das Schwergewicht unter den Nährstoffen als Baustein. Gutes Fett schützt die inneren Organe vor Verletzungen, unterstützt die Hormonproduktion und hilft, fettlösliche Vitamine (A, D, E, K) aufzunehmen.

Richtig ausgewählt und wohldosiert, kann Fett sogar schlank machen, weil es dabei hilft, den Blutzuckerspiegel zu kontrollieren, indem es etwa mit Kohlenhydraten kombiniert wird.

Den Unterschied zwischen Gut und Schlecht macht das sogenannte Fettsäuremuster. Grundsätzlich werden Fettsäuren in gesättigte, einfach ungesättigte und mehrfach ungesättigte unterteilt. Tierische Lebensmittel (etwa Butter, Speck, Sahne, Käse, Wurst, Fleisch) enthalten gesättigte Fettsäuren, die in großen Mengen unter anderem für das Herz und die Gefäße schädlich sind. Unser Körper kann sie selbst herstellen, das heißt, dass wir sie nicht zusätzlich aufnehmen müssen. Da sie aber gut schmecken, fällt es vielen schwer, darauf zu verzichten. Hier ist Augenmaß gefragt: Wenn Sie das Gefühl haben, Butter, Speck und Co. für Ihre Nerven und Ihren Seelenfrieden zu brauchen, streichen Sie sie nicht komplett vom Speiseplan, sondern gönnen Sie sie sich gelegentlich als kleine Ausnahmen. Bevorzugen Sie aber, wo möglich, immer pflanzliche Fette! Komplett verzichten sollten Sie allerdings auf sogenannte Transfette, die entstehen, wenn pflanzliche Öle industriell verarbeitet werden. Sie stecken vor allem in Fertiggerichten. Diese Fette fördern Herz-Kreislauf-Erkrankungen, Diabetes Typ 2 und andere Zivilisationskrankheiten. Viel besser sind einfach ungesättigte Fettsäuren aus Pflanzen (u. a. aus Nüssen, Oliven- oder Rapsöl) und mehrfach ungesättigte wie Omega-3-Fettsäuren aus Meeresfischen sowie Lein-, Walnuss-, Hanf- und Algenöl.

► **Faustregel:** Nutzen Sie die positiven Wirkungen gesunder Fettsäuren aus Nüssen und pflanzlichen Ölen. Butter, Speck und Co. sollten nur in kleinen Mengen auf den Speiseplan. Auf gesundheitsschädliche Transfette aus industriell verarbeiteten pflanzlichen Ölen verzichten Sie am besten ganz.

RESISTENTE STÄRKE

Ein Tipp für alle, die Kartoffeln, Nudeln und Reis lieben. Sie können von diesen Beilagen nämlich als Abnehmhelfer profitieren, wenn Sie sie am Vortag kochen und zur Mahlzeit wieder aufwärmen. Während des Abkühlens, das mindestens 12 Stunden dauern sollte, verändert sich bei einem Teil der Kohlenhydrate die chemische Struktur. Dabei entsteht die sogenannte resistente Stärke, ein wertvoller Ballaststoff, der vor Entzündungen schützt, das Mikrobiom stärkt und das Abnehmen unterstützt, weil er mit weniger Kalorien lange satt macht. Resistente Stärke gelangt unverdaut in den Dickdarm und wird dort von Milchsäurebakterien abgebaut. Dabei entstehen kurzkettige Fettsäuren wie die Buttersäure Butyrat, die sich unter anderem positiv auf den Blutzuckerspiegel auswirkt. Allerdings macht die resistente Stärke bei abgekühlten Kartoffeln und Co. nur zehn Prozent der enthaltenen Kohlenhydrate aus. Von den aufgewärmten Beilagen oder daraus zubreiteten Gerichten sollte man daher nicht zu viel essen!

5. NEHMEN SIE ZUCKERARMES OBST

Obst enthält Zucker. Ja, Sie haben richtig gelesen. Obwohl frische Ananas, Bananen oder Weintrauben grundsätzlich gesund und vitaminreich sind und Obst seinen Platz in der schlanken Küche haben muss, ist das kein Freibrief dafür, nach Lust und Laune süße Früchte zu naschen. Neben vielen hochwertigen Inhaltsstoffen hat die „natürliche" Süße aus Obst ihre Tücken. Tatsächlich können Früchte aufgrund ihres Zuckergehalts sogar ungesund sein, denn der darin enthaltene Fruchtzucker (Fruktose) fördert

im Übermaß genossen die Entstehung einer Fettleber und des gesundheitsschädlichen Bauchfetts (siehe Seite 14). Denn anders als Glukose wird Fruktose insulinunabhängig verstoffwechselt, in der Leber zu Fettsäuren umgewandelt und direkt in den Organen oder am Bauch gespeichert. Zudem hemmt Fruktose das Sättigungshormon Leptin – mit der Folge, dass man schnell wieder Hunger bekommt und zu viel isst.

Daher sollten Sie auf zuckerarme Obstsorten setzen. Dazu gehören beispielsweise Beeren (Erdbeeren, Heidelbeeren, Himbeeren, Johannisbeeren), Aprikosen, Pfirsiche, Grapefruits, Wassermelonen, Avocados, Sauerkirschen, Zitronen und Orangen. Viel Fruchtzucker steckt in Ananas, Bananen, Birnen, Feigen, Mangos und Weintrauben. Auch Trockenfrüchte sind echte Zuckerbomben, enthalten aber reichlich Mineral- und Ballaststoffe. Versteckte Fruktose findet sich zudem in Fertigprodukten (etwa in Backwaren, Müslis oder speziellen Diabetiker- oder Light-Produkten).

Essen Sie zuckerarmes Obst vor allem in der ersten Tageshälfte, also zum Frühstück, oder als Dessert nach dem Mittagessen. In dieser Zeit ist der Stoffwechsel besonders aktiv und kann die Kalorien gut verwerten. Ideal sind zwei Portionen Obst täglich, Sie profitieren dabei von Vitaminen und Ballaststoffen. Ein hoher Wasseranteil unterstützt die schlanke Linie. Dabei kommt es nicht nur auf die Menge, sondern auch auf die Art des Konsumierens an. Unverarbeitetes Obst ist gesünder als Obstsäfte, Smoothies oder Limonaden. Denn Getränke enthalten oft hochkonzentrierte Früchte beziehungsweise hochkonzentrierte Fruktose, die ihnen als Süßungsmittel zugesetzt werden, damit sie besser schmecken. Dieser Zucker geht schnell ins Blut. Trinkt man den Saft dann auch noch in großen Mengen, kommt es zu unnötigen Insulinausschüttungen. Als Durstlöscher sollte man in erster Linie zu Wasser greifen (gemischt mit maximal einem Viertel Saft oder aufgepeppt mit Zitrone).

► **Faustregel:** Ob Beeren oder Zitrusfrüchte: Alles, was nicht allzu süß schmeckt, enthält auch wenig Fruchtzucker. Mehr als 150 g zuckerarmes Obst täglich sollten es nicht sein. Der beste Zeitpunkt für den Verzehr: zum Frühstück und nach dem Mittagessen.

SO TRINKEN SIE SICH SCHLANK

Ein Getränk ist schnell geschluckt. Es macht nicht satt, sondern löscht den Durst. Das ist gut so, denn ohne Flüssigkeit funktioniert der gesamte Organismus nicht. Was wir dabei oft nicht merken: Viele Getränke, vor allem süße und alkoholische, enthalten unnötige Kalorien. Softdrinks, Fruchtsäfte, Nektare, Kaffeemischgetränke, Smoothies, Trinkjoghurts, Milch, Energydrinks sind echte Fallen und gelten zu Recht als Dickmacher. Sie schlagen aufs Kalorienkonto wie Snacks oder kleine Zwischenmahlzeiten. Achtung: Konzentrierter Fruchtzucker verbirgt sich auch hinter Zutaten namens Maissirup (Corn Syrup bzw. HFCS) oder Agavendicksaft.

Auch die Light-Versionen sind keine leichte Kost, auch wenn der Name es suggeriert. Sie sind zwar kalorienarm, versprechen dem Gehirn aber mit ihrer künstlichen Süße Energie, die nicht kommt. Das kann dazu führen, dass man mehr isst. Achten Sie deshalb auch bei der Getränkeauswahl auf die Zutatenliste. Es gibt zum Beispiel Mineralwasser, dem nicht nur darmschädliche Süßstoffe, sondern auch Zucker zugesetzt wird. Die Weltgesundheitsorganisation (WHO) rät, nicht mehr als 1 Glas Softdrinks (z. B. 250 ml Coke) täglich zu trinken, denn sowohl Zucker als auch Süßstoff erhöhen das Diabetesrisiko und machen anfälliger für Krankheiten. Laut einer neuen Studie steht der Konsum von so gesüßten Getränken in einem direkten Zusammenhang mit dem Sterberisiko.

► **Faustregel:** Stellen Sie möglichst komplett auf kalorienfreie Getränke um. Dazu gehören Wasser und ungesüßte Tees, auch schwarzer Kaffee. Pro Kilogramm Körpergewicht braucht der Mensch 0,03 Liter Flüssigkeit am Tag, bei Hitze und nach dem Sport darf es auch etwas mehr sein.

6. PFLEGEN SIE IHREN DARM

Wer abnehmen möchte, kommt um Ballaststoffe nicht herum. Eine ballaststoffreiche Ernährung allein macht zwar nicht schlank, doch sie unterstützt das Abnehmen enorm. Die Faser- und Quellstoffe enthalten kaum Kalorien und liefern so gut wie keine Energie, doch sie sättigen lang anhaltend, pflegen den Darm und bringen die Verdauung in Schwung. Ballaststoffe kommen vor allem in Pflanzen beziehungsweise pflanzlichen Lebensmitteln vor und sind keineswegs Ballast, wie der Name vermuten lässt. Im Gegenteil: Sie sind die Grundlage dafür, dass wir auf gesunde Weise Gewicht loswerden können, ohne Hunger zu haben. Wenn jede Hauptmahlzeit die gesunden Faserstoffe enthält, bleiben wir länger satt. Es wird zwischen löslichen und unlöslichen Ballaststoffen unterschieden. Die löslichen (z. B. aus Obst und Gemüse) sorgen für einen gesunden, schlank machenden Darm, weil sie bestes „Futter" für die Darmbakterien sind und eine große Vielfalt im Mikrobiom garantieren. Auf diese Weise stärken sie das Immunsystem – und wirken auch Übergewicht entgegen. Die unlöslichen (v. a. aus Hülsenfrüchten, Vollkorngetreide und -produkten) können große Wassermengen aufnehmen, quellen die Nahrung regelrecht auf und fördern so zum einen die Verdauung, zum anderen das Sättigungsgefühl. Empfehlenswert sind mindestens 30 Gramm Ballaststoffe täglich. Um auf diese Menge zu kommen, können Sie zum Beispiel

2 Vollkornbrotscheiben, 2 Äpfel, 30 Gramm Haferflocken oder 100 Gramm Möhren essen. Wichtig: Trinken Sie ausreichend Wasser dazu und bewegen Sie sich! Wenn Sie merken, dass Sie ballaststoffreiche Lebensmittel (noch) nicht gut vertragen, gewöhnen Sie Ihren Körper mit kleinen Mengen daran. Der Darm muss sich langsam anpassen.

Wenn es dem Darm gut geht, profitiert unsere Gesundheit davon. Wir verlieren leichter Gewicht und können die Abnehmerfolge länger halten. Denn ein gesunder Darm filtert aus jeder Mahlzeit richtig viele Kalorien heraus: Vor allem im Dickdarm leben Tausende von Bakterienstämmen und etwa hundert Billionen Mikroorganismen, die rund um die Uhr arbeiten, um Nahrung zu zerlegen, Krankheitserreger zu bekämpfen und das Immunsystem zu stärken. Dieses unglaublich vielfältige Biotop reagiert äußerst empfindlich, wenn es gestört wird: etwa durch stark verarbeitete Fertiggerichte, Alkohol, viel Zucker, Süßstoffe oder Weißbrot. Solche Störungen können dazu führen, dass man an Gewicht zulegt. Dem lässt sich mit gezieltem „Darmfutter“ entgegenwirken. Hier kommen die sogenannten Prä- und Probiotika ins Spiel. Dabei handelt es sich um Lebensmittel, die Mikroorganismen wie Milchsäurebakterien und Hefen enthalten (Probiotika) und unverdauliche Bestandteile von Lebensmitteln (Präbiotika), die das Wachstum erwünschter Bakterien fördern, weil sie ihnen als Futter dienen. So helfen sie, die Vielfalt des Mikrobioms zu verbessern. Wichtig ist, dass der Darm regelmäßig (möglichst jeden Tag) mit Prä- und Probiotika versorgt wird, am besten, indem Sie täglich mehrere Portionen Gemüse essen. Probiotika siedeln sich nicht dauerhaft an.

- Top-Lieferanten für Probiotika sind milchsauer vergorene Produkte wie Naturjoghurt, Buttermilch oder Skyr sowie fermentierte Lebensmittel wie Kefir, Miso, Brottrunk, Pickles, Kimchi und (nicht pasteurisiertes) Sauerkraut. Auch Parmesan kann die Artenvielfalt der Darmbakterien erhöhen.

- Natürliche Präbiotika sind die Ballaststoffe Inulin und Oligofruktose. Sie finden sich etwa in Zwiebeln, Lauch, Knoblauch, Schwarzwurzeln, Chicorée, Topinambur, Artischocken, Spargel, Hafer, Hülsenfrüchten und Bananen.

► **Faustregel:** Gemüse, Nüsse, Obst, Hülsenfrüchte und Vollkornprodukte gehören zu den Top-Lieferanten von Ballaststoffen. Essen Sie Nudeln, Brot und Reis möglichst immer in der Vollkornvariante. Bringen Sie für ein gesundes Mikrobiom regelmäßig fermentierte Milchprodukte, frisches Sauerkraut, Miso, Pickles oder Kimchi auf den Tisch. Dazu kommen präbiotisch wirkende Ballaststoffe aus Zwiebeln, Knoblauch, Hülsenfrüchten, Hafer oder Chicorée.

7. BEVORZUGEN SIE DIE VOLLKORNVARIANTEN

Brötchen, Müsli, Brot, Nudeln, Reis – das sind beliebte Nahrungsmittel, die fast jedem schmecken. Um abzunehmen und schlank zu bleiben, müssen Sie nicht komplett darauf verzichten. Sie können die leckeren Lebensmittel aber ein bisschen gesünder machen, indem Sie beim Einkaufen möglichst oft die Vollkornvariante wählen. Eventuell schmeckt der Pfannkuchen aus Vollkornmehl zunächst nicht ganz so gut wie das helle Gegenstück. Doch das ist eine Frage der Gewöhnung. Vollkorn hat gegenüber Weißmehl einige Vorteile: Beim Vollkorn werden die vollen Körner gemahlen, geschrotet und verarbeitet, also der sogenannte Mehlkörper, der Keimling und die Kornrandschichten. Weil die letzten beiden erhalten bleiben, stecken im vollen Korn mehr sekundäre Pflanzenstoffe sowie Mineralstoffe und Spurenelemente wie Kalium, Zink, Eisen und Magnesium. Auch die Vitamine B1, B2 und Folsäure machen Vollkorn gesund. Ein Vollkornbrot hat zwar mehr Kalorien als ein Weißbrot, hält dafür aber länger vor. Denn dank der kompletten Ladung an Ballaststoffen sättigt es besonders nachhaltig und fördert die Verdauung. Vollkornprodukte können Typ-2-Diabetes vorbeugen und mildern, Blutfettwerte senken und damit auch das Herzinfarktrisiko reduzieren und die Gesundheit der Gefäße fördern.

Forschende der Tufts University in Boston ließen Anfang der 1990er-Jahre mehr als 3000 Probanden, die sonst vor allem Weißmehlprodukte verzehrten, stattdessen sechs Wochen Vollkornprodukte essen. Eine Kontrollgruppe erhielt weiterhin die entsprechenden hellen Produkte, ansonsten blieben die Speisepläne identisch. Die Vollkornfraktion sparte dabei im Durchschnitt jeden Tag 92 Kalorien und nahm anschließend innerhalb eines Jahres 2,5 Kilo ab, ohne die sonstigen Lebensgewohnheiten zu verändern.

► **Faustregel:** Sie müssen nicht auf Brot, Nudeln, Reis und Co. verzichten, sollten aber beim Einkaufen immer darauf achten, dass die Vollkornvariante der beliebten Lebensmittel in den Korb kommt.

8. GEWÖHNEN SIE SICH DIE LUST AUF ZUCKER AB

Süßigkeiten machen krank und dick, das weiß wohl jeder. Zucker befeuert Entzündungen im Körper, fördert die Entstehung von Diabetes Typ 2, schädigt die Zähne und lässt uns schneller altern. Deshalb sollten nicht nur Übergewichtige das „süße Gift" so weit wie möglich meiden, sondern jeder, der auf seine Gesundheit achtet. Es geht dabei zum einen um den Zucker, den wir über den Kuchen streuen, in den Kaffee oder ins Müsli geben. Zum anderen aber auch um zugesetzten Zucker, der kaum bekannt ist. Ob Fruchtjoghurt, ein fertig zubereiteter Krautsalat,

Marmelade, Fertigsaucen oder Getränke: Vor allem verarbeitete Lebensmittel enthalten Zucker, der in die Tagesbilanz mit eingeht, ohne dass wir diese Produkte als wirklich süß wahrnehmen. Besonders fatal für all jene, die mit dem Jo-Jo-Effekt zu kämpfen haben: Lebensmittel, die viel Zucker in Kombination mit Fett enthalten, wie etwa eine Schokoladencreme, sorgen für eine Ausschüttung des „Glückshormons" Dopamin im Gehirn. Kein Wunder also, dass wir immer mehr davon wollen. Man spricht bei diesem Phänomen vom „Nutella-Effekt". Der verstärkt sich noch, wenn wir uns erst mal an die Kombi von Fettigem und Süßem gewöhnt haben. Unser Gehirn lernt dann, regelrecht danach zu gieren. Ist das Essen noch mit einem festen Ritual wie etwa Fernsehen verbunden, verstärkt sich der Effekt. Auch Aromen, Farb- und Geschmacksstoffe, die den Lebensmitteln zugesetzt werden, machen das Gehirn hungriger.

Das heißt nicht, dass Sie komplett auf Schokolade und Co. verzichten müssen. In geringen Mengen ist Süßes durchaus erlaubt. Bis zu 25 Gramm täglich (das sind etwa 6 Teelöffel Haushaltszucker) dürfen es laut Weltgesundheitsorganisation (WHO) maximal sein, wenn die Ernährung sonst gesund ist. Betrachten Sie dabei jede Form von Zucker als gelegentliche Ausnahme und genießen Sie Süßes nur in Maßen, am besten als Dessert direkt nach dem Mittagessen. Oft wird empfohlen, Zucker durch Zuckeraustauschstoffe, Honig, Dicksaft oder andere Süßungsmittel zu ersetzen. Das kann unter dem Kalorienaspekt Vorteile haben, ist aber langfristig keine Lösung, da die Lust auf Süßes dadurch nicht nachlässt und so mancher Ersatzstoff auf andere Weise die Gesundheit schädigt. So stehen Süßstoffe etwa im Verdacht, die Darmschleimhaut durchlässiger zu machen und die Vielfalt des Mikrobioms einzuschränken. Viel effektiver ist es, sich den Süßgeschmack langsam abzugewöhnen.

► **Faustregel:** Reduzieren Sie Ihren Zuckerkonsum so weit wie möglich. Bedenken Sie dabei auch, dass viele Fertiggerichte und Getränke stark gezuckert sind. Genießen Sie maßvoll.

9. MEIDEN SIE FERTIGESSEN UND VERARBEITETE LEBENSMITTEL

Eigentlich sollte man sich nichts verbieten oder einzelne Lebensmittel verteufeln. Bei hochverarbeiteter Nahrung und Fertigprodukten ist das aber anders. Ähnlich wie Süßigkeiten schaden sie nicht, wenn man nur im Ausnahmefall darauf zurückgreift und sich ansonsten gut ernährt. Als praktische Dauerlösung sind sie aber völlig ungeeignet. Leider setzen viele Menschen vor allem aus Bequemlichkeit auf Tütensuppen, Komplettmahlzeiten in Aluschalen und anderes sogenanntes Convenience-Food. Das Wort „Convenience" steht hier für Annehmlichkeit. Der Name ist dabei Programm: Kein Schnippeln, kein Kochen, kaum Abwasch und das warme Essen kann aus der Mikrowelle direkt auf den Tisch. Bei diesen Produkten ist der Profit der Lebensmittelindustrie leider oft wichtiger als unsere Gesundheit, denn die meisten Fertiggerichte müssen möglichst billig produziert werden. Nach aktueller Studienlage kann man vor solchem Industrie-Essen nur warnen. Ob Tiefkühlpizza, gefrorene Lasagne oder Ravioli aus der Dose: Wer regelmäßig zu Fertigprodukten greift, isst sich sprichwörtlich krank und verkürzt nachweislich seine Lebenszeit.

Meist enthalten die Komplettmenüs zu viel Zucker, zu viel Salz und schlechtes Fett. Dazu kommen künstliche Aromen, Farbstoffe und Geschmacksverstärker, die die Produkte auch länger haltbar machen sollen. Wertvolle Nährstoffe und Vitamine gehen durch das Vorgaren zum großen Teil verloren. Vorsicht ist auch bei Süßstoffen statt Zucker geboten. Denn künstliche Süße regt den Appetit an, was auf die Dauer zu Übergewicht führt. Wenn Sie Fertiggerichte und industriell verarbeitete Lebensmittel nicht komplett von Ihrem Speiseplan streichen können oder wollen, lässt sich zumindest Schadensbegrenzung betreiben, indem Sie einen Blick auf die Zutatenliste werfen. Als Faustregel gilt: Je länger diese ist, desto mehr Aroma- und Zusatzstoffe stecken in dem Produkt. Mehr als fünf Begriffe sollten nicht auf der Liste stehen. Zucker und Salz sollten unter 1 Gramm liegen. Wenn es gar nicht anders geht, versuchen Sie, Fast- und Fertig-Food gesund zu ergänzen: durch einen Salat oder Gemüse-Sticks.

► **Faustregel:** Machen Sie es sich nicht zu bequem. Fertiggerichte und industriell stark verarbeitete Produkte sind zwar schnell auf dem Tisch, schaden aber nachweislich der Gesundheit und machen auf die Dauer dick. Mit frischen Zutaten selbst kochen ist der wichtigste Schritt zu einer gesunden Ernährung.

10. REDUZIEREN SIE IHREN FLEISCHKONSUM

Die Studienlage ist nicht eindeutig: In manchen wissenschaftlichen Untersuchungen kommt Fleisch als Dickmacher schlecht weg, in anderen punktet es als guter Eiweißlieferant, der die schlanke Linie fördert. Ein klares Richtig oder Falsch gibt es nicht, denn es kommt immer auf die Menge und vor allem auf die Art an. In Sachen Fettgehalt gibt es große Unterschiede. Pauschal lässt sich sagen: Je hochwertiger das Fleisch, desto geringer ist der Fettgehalt. Gehacktes vom Schwein enthält zum Beispiel fünfmal so viel Fett wie ein Rinderfilet. Bei der Verarbeitung kann sich der Fettgehalt noch einmal verdoppeln. Bock- und Bratwurst, Salami, Mettwurst, Teewurst, Bierwurst oder Mortadella enthalten sehr viel, magerer Schinken oder Corned Beef weniger.

Doch Fettgehalt und Kalorienzahl allein sagen nicht genug aus. Die Weltgesundheitsorganisation (WHO) sieht es mittlerweile als erwiesen an, dass nicht nur verarbeitetes Fleisch in Form von Wurstwaren (aufgrund von Zusatzstoffen wie Nitritpökelsalz), sondern auch rotes Fleisch von Rind, Schwein, Lamm oder Ziege krebserregende Wirkungen haben kann. Und Studien zeigen: Wer viel Fleisch isst, erkrankt häufiger vor allem an Darmkrebs als jemand, der kein oder nur wenig Fleisch auf seinen Speiseplan setzt. Insbesondere Schweinefleisch liefert reichlich Arachidonsäure, die chronische Entzündungen fördert und damit das Risiko für viele Erkrankungen steigert. Leider essen die Deutschen im Durchschnitt noch zu viel Fleisch. Mehr als ein bis zwei Portionen von je 150 bis 200 Gramm pro Woche sollten es nicht sein. Eine gute Eiweißquelle ist fettarmes Geflügelfleisch – möglichst aus ökologischer Tierhaltung.

► **Faustregel:** Verzichten Sie auf gebratenes fettreiches Fleisch sowie Wurstwaren am besten komplett. Stattdessen eignet sich zum Beispiel fettarmes Bio-Geflügelfleisch.

Schluss mit Übergewicht: unsere Ernährungsregeln auf einen Blick

Wie kommt gesunde Vielfalt auf den Teller? Was verhindert Heißhunger und Gewichtszunahme? Welche Lebensmittel machen nachhaltig schlank? Was muss ich essen, um meine Verdauung in Schwung zu halten? Wenn Sie sich an unsere wichtigsten Regeln halten, sind Sie gut gewappnet gegen Übergewicht und Jo-Jo-Effekt.

GEMÜSE: RECHT BUNT BITTE

Wenig Kalorien, aber viele Vitamine, Mineralstoffe, Ballast- und sekundäre Pflanzenstoffe: Rohes oder gegartes Gemüse in möglichst bunten Farben ist die beste Basis in der schlanken Küche. Es sollte jeden Tag auf den Teller kommen!

EIWEISS SATT – AM BESTEN PFLANZLICH!

Mit der richtigen Menge an Proteinen lässt sich nachhaltig Gewicht abbauen. Eiweiß kurbelt die Fettverbrennung an, verhindert Heißhunger und Jo-Jo-Effekt, hält den Blutzucker in der Balance und ist unentbehrlich für einen gesunden Körper.

SCHNELLE KOHLENHYDRATE? NEIN DANKE!

Sie sind lecker, aber leider nicht gesund: Zucker, Süßigkeiten, Kuchen, Kekse und Co. sowie Produkte aus hellem Weizenmehl und Fertiggerichte liefern schnelle Kohlenhydrate, die heißhungrig machen und ernährungsphysiologisch keinen Mehrwert haben. Meiden Sie sie, sooft es geht!

GESUNDES FETT? JA, BITTE!

Sie müssen nicht auf Fett verzichten, sollten aber das richtige und nicht zu viel davon essen. Top-Lieferanten sind insbesondere Nüsse und pflanzliche Öle. Butter und Co. sollten Sie nur in geringen Mengen essen und auf Transfette ganz verzichten. Je nach Größe und Gewicht ist es ratsam, 60 bis 80 Gramm Fett täglich nicht zu überschreiten.

OBST? GERNE, ABER NICHT ZU SÜSS

Trotz wertvoller Vitamine, Mineral- und Ballaststoffe kann Obst zum Dickmacher werden, wenn Sie zu viel davon essen und zu süße Sorten wählen. Geeignet sind Beeren, Zitrusfrüchte, Aprikosen oder säuerliche Äpfel, die wenig Fruktose enthalten. Bei zuckerreichen Sorten wie Weintrauben und Bananen sollten Sie sich zurückhalten.

DIE VERDAUUNG UND DAS MIKROBIOM STÄRKEN

Ballaststoffe fördern die Darmgesundheit, regen die Verdauung an und unterstützen das Abnehmen. Mit viel Gemüse, Nüssen, Obst, Hülsenfrüchten und Vollkornprodukten sind Sie gut mit den Pflanzen- und Faserstoffen versorgt, verhindern Heißhunger und bleiben länger satt. Gesunde erwünschte Darmbakterien brauchen regelmäßig „Futter“. Dafür eignen sich Präbiotika und Probiotika.

AUFS VOLLE KORN ACHTEN

Mehr Ballaststoffe und Vitamine, ein höherer Energieverbrauch und eine bessere Verdauung: Wer bei Nudeln, Reis, Brot und Müsli auf Vollkorn- statt auf Weißmehl setzt, lebt gesünder und nimmt leichter ab. So sorgt Vollkornbrot beispielsweise für eine schlanke Taille, auch Blutdruck und Blutzucker normalisieren sich.

ISOLIERTEN ZUCKER MEIDEN

Das ist nicht einfach, aber machbar, wenn Sie sich den Süßgeschmack langsam abgewöhnen. Essen Sie möglichst wenig Süßes – und das am besten als Dessert im Anschluss an eine Mahlzeit. Achtung: Es zählen nicht nur der Zucker im Kaffee und das Stück Schokolade, sondern auch der in Fertiggerichten und Getränken mit Zuckerzusatz.

FERTIGESSEN LINKS LIEGEN LASSEN

Fertigpfannkuchen, industriell verarbeitete Menüs aus der Mikrowelle, Tiefkühlpizza oder Instantsuppen – Fertigprodukte haben aufgrund der versteckten ungesunden Zutaten (z. B. Zucker, Transfette, Zusatzstoffe) in der gesunden Küche nichts zu suchen. Kochen Sie so oft wie möglich selbst mit frischen Zutaten. Tiefkühlprodukte ohne Zusatzstoffe sind auch okay.

WENIGER FLEISCH ESSEN

Niemand muss komplett auf Fleisch verzichten, aber niemand braucht es täglich. Reduzieren Sie Ihren Fleischkonsum auf 300 bis 400 Gramm pro Woche. Setzen Sie auf unverarbeitetes fettarmes Bio-Fleisch statt auf Wurst und Wurstwaren.

Das hilft bei der Ernährungsumstellung: Gehen Sie in Etappen ans Ziel

„Hilfe, ich kriege es einfach nicht hin!" Wenn das mit dem Abnehmen nicht so recht klappen will oder gar bereits verlorene Pfunde zurückkehren, müssen Sie ziemlich sicher etwas an Ihren Plänen ändern. Hier ein paar bewährte Tipps und Tricks aus der Praxis, mit denen eine Gewichtsreduktion klappen kann.

Sie wissen es bereits: Dauerhaft sein Gewicht zu reduzieren, ist keine Hauruckaktion. Es geht in erster Linie darum, die eigene Ernährung in kleinen Schritten umzustellen und dabei neue Gewohnheiten zu etablieren. Zum Abnehmen gehört also mehr als Kalorienzählen. Betrachten Sie Ihr Vorhaben nicht als Diät, die man durchhalten muss, bis das Wunschgewicht erreicht ist, sondern als dauerhafte Veränderung von Lebensgewohnheiten. Gehen Sie dabei langsam vor. Ein nachhaltiger Gewichtsverlust kommt nicht über Nacht. Vielleicht sind Sie zu ungeduldig und möchten in kurzer Zeit viel erreichen. Doch das funktioniert meist nicht.

Je langsamer Sie abnehmen, desto höher ist die Wahrscheinlichkeit, dass Sie Ihr neues Gewicht länger halten. Dabei spielen auch das Alter, der Stoffwechsel und der bisherige Lebensstil eine Rolle. Bei manchen purzeln die Kilos schneller, andere brauchen länger. Wiegen Sie sich ruhig regelmäßig. Studien haben gezeigt, dass diejenigen, die täglich ihr Gewicht kontrollieren, am besten dranbleiben. Erwarten Sie dabei aber nicht jeden Tag Abnehmerfolge, denn dann geben Sie vielleicht zu schnell frustriert auf. Und bitte nicht vergessen: Wenn Sie gleichzeitig Muskeln aufbauen (was aus verschiedenen Gründen empfehlenswert ist, siehe Seite 44), dauert es länger, bis Sie Erfolge auf der Waage sehen. Es kann sogar sein, dass Sie am Anfang zunehmen. Bleiben Sie also geduldig!

► ESSEN MIT RHYTHMUS UND STRUKTUR

Nehmen Sie sich die Zeit, Ihren individuellen Weg zu finden. Dazu gehören auch feste Strukturen. Essen Sie nicht nur nach Gefühl oder nach Gelegenheiten, sondern planen Sie bewusst, was wann auf den Teller kommt. Die Hauptmahlzeiten sollten möglichst oft zur gleichen Zeit stattfinden. Es gibt zwar keine allgemeingültigen Regeln, doch am besten wären nur drei große Mahlzeiten, weil der Körper dann weniger Insulin ausschüttet und Achterbahnfahrten des Blutzuckerspiegels vermieden werden. Wem das gerade anfangs schwerfällt, der kann noch zwei gesunde Snacks dazwischen einbauen, wie etwa Gemüse-Sticks mit dreierlei Dips (siehe Seite 90).

Zum Abend hin weniger essen

Der Verdauungstrakt mag feste Rhythmen, die ihm einen Wechsel zwischen Arbeit und Pausen ermöglichen. Viele machen den Fehler, morgens gar nichts zu essen, und lassen sich dann später von Heißhunger zu Süßigkeiten oder Fast Food verleiten. Wer sich ohne Frühstück und mit einem Salat ohne Eiweißkomponente zum Mittagessen durch den Tag hungert, braucht abends meist eine Riesenmahlzeit, die dem Bauch nicht guttut. Wenn es zu Ihrem Alltag passt und sich ohne allzu großen Aufwand einrichten lässt, ist es sinnvoll, mehr als die Hälfte aller Kalorien in der ersten Tageshälfte aufzunehmen und die Mengen zum Abend hin weniger werden zu lassen.

ESSPAUSEN SENKEN DEN INSULINSPIEGEL

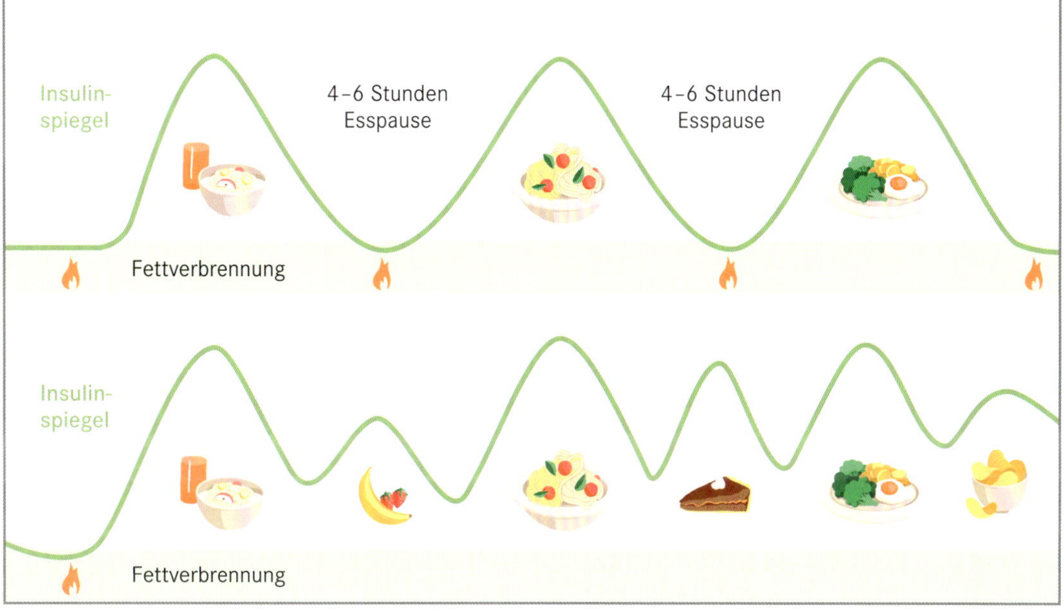

Intervallfasten

Für viele Menschen ist das sogenannte Intervallfasten eine effektive Maßnahme, um ohne großen Aufwand das Abnehmen zu unterstützen. Dabei wird nicht über einen bestimmten Zeitraum ganztägig gefastet, sondern nur stundenweise und dafür langfristig jeden oder fast jeden Tag. Besonders alltagstauglich ist das zum Trend gewordene 16:8-Fasten. Dabei dürfen Sie nur in einem Zeitfenster von acht Stunden (beispielsweise von morgens 10 Uhr bis abends 18 Uhr) essen. Anschließend nehmen Sie 16 Stunden lang – in der Regel über Nacht – nichts mehr zu sich. Die letzte Mahlzeit sollte zwei bis drei Stunden vor dem Schlafengehen auf dem Plan stehen. Die langen Esspausen geben dem Körper die Möglichkeit, optimal zu verdauen und den gesamten Organismus zu entlasten. Zudem kann der Insulinspiegel so einmal komplett abfallen und für längere Zeit niedrig bleiben. Intervallfasten hat allerdings auch seine Tücken, denn man neigt dazu, bei den vergleichsweise wenigen Mahlzeiten zu viel zu essen oder zu ungesunden Sachen zu greifen. Das Konzept funktioniert nur, wenn Sie gleichzeitig Ihre Ernährung auf gesund umstellen.

Vier bis fünf Stunden Esspausen

Um abzunehmen, muss es aber nicht immer Intervallfasten sein. Wichtig ist, dass die Ernährungsumstellung zu Ihrem persönlichen Lebensstil passt. In vielen Fällen genügt es, einfach zwei bis drei Stunden lange Esspausen einzuhalten und nicht zu snacken. Also nichts zwischendurch zu essen, vor allem nichts Süßes. Das ist keineswegs selbstverständlich, denn häufig ist uns gar nicht bewusst, dass wir zwischendurch zehnmal oder sogar öfter zu vermeintlichen Kleinigkeiten greifen. Wenn es sein muss, sind eiweißhaltige Snacks (etwa 1 Handvoll Mandeln, 1 Stück Käse oder 1 Becher Naturjoghurt) oder rohes Gemüse eindeutig die bessere Wahl als Kuchen oder Kekse.

Hilfe, ich habe Heißhunger auf …

Heißhunger ist nicht immer ein Zeichen für unnötige Gelüste, sondern kann auch auf einen Nährstoffmangel hinweisen. Der Körper zeigt, dass etwas fehlt. Seien Sie achtsam, wenn die Lust auf Süßes oder Salziges plötzlich riesig wird. Finden Sie heraus, was Ihnen fehlen könnte, und suchen Sie nach Alternativen.

HEISSHUNGER AUF …	MÖGLICHER MANGEL	GESUNDE ALTERNATIVEN
Süßes wie Kekse, Schokolade, Kuchen	Magnesium, Tryptophan	Sonnenblumenkerne, Cashewkerne, Haferflocken, Feigen, Linsen, frisches Obst, Eier
Softdrinks	Kalzium	Gemüse, Käse, Senf, Sesam
Salziges	Natrium	Oliven, Nüsse, Samen, Sellerie
Fettiges	Kalzium	Joghurt, Nüsse, Hülsenfrüchte
Käse	Omega-3-Fettsäuren	Raps-, Lein- und Walnussöl, fette Fischsorten, Walnüsse, Brokkoli
Fleisch	Eisen, Eiweiß	Spinat, Nüsse, Haferflocken Vollkornprodukte, Hülsenfrüchte, Kürbiskerne
Nudeln	Kohlenhydrate, Kalorien	Haferflocken, Vollkornprodukte
Bananen	Kalium	grünere (zuckerärmere) Bananen
Kaffee	Eisen, Schwefel, Phosphor	Spinat, Kürbiskerne, Äpfel
Häufiger und langer Hunger	Tryptophan, Tyrosin	Käse, Fleisch, Rosinen, Erbsen, Erdnüsse

► SELBST KOCHEN MACHT SCHLANK

Dass Fertigessen als Dauerlösung in der gesunden Küche nichts zu suchen hat, haben Sie ja schon erfahren (siehe Seite 24). Es ist fürs richtige Gewicht aber auch enorm wichtig, sich selbst an den Herd zu stellen und Frisches zuzubereiten. Nehmen Sie sich die Zeit, Ihre Mahlzeiten zu planen, dafür gezielt einzukaufen und alles so vorzubereiten, dass Sie nicht heißhungrig kochen müssen und unter Zeitdruck dann doch wieder zum Fertigessen greifen.

Der Ernährungswissenschaftler Kevin Hall von den National Institutes of Health im amerikanischen Bethesda wollte vor einigen Jahren herausfinden, ob und wie industriell verarbeitete Nahrung dick macht. Dafür verglich er zwei Probandengruppen, die für seine Studie in eine Klinik aufgenommen wurden. Die eine Gruppe bekam zwei Wochen lang Fast Food in verschiedenen Varianten, die andere in der gleichen Zeit frisch Zubereitetes. Alle durften so viel essen, wie sie wollten. In Sachen Makronährstoffe, Kalorienzahl, Salz, Fett, Zucker und Ballaststoffe unterschieden sich Convenience-Food und Frisches kaum, um den naheliegenden Verdacht auszuschließen, dass zum Beispiel Fast Food mehr Fett enthält und deshalb das Gewicht nach oben treibt. Danach zeigte sich: Beim Fertigessen nahmen die Teilnehmer im Durchschnitt ein Kilo zu, beim Selbstgemachten eins ab. In weiteren Analysen wurde deutlich, dass die Probanden beim Fast Food einfach mehr aßen und ihre Mahlzeiten schneller verputzten. Die industriell hergestellte Nahrung war weicher, ließ sich leichter kauen und daher auch fixer schlucken. Das Risiko, sich zu überessen, war deutlich erhöht, denn das Gefühl, satt zu sein, erreichten die Convenience-Food-Esser erst später. Besonders schlecht sind Fertigprodukte mit billigem Fett und vielen Kohlenhydraten. Das gilt auch für vermeintlich Gesundes wie manche vegane Fertigprodukte. Veganer Käseersatz ist etwa ein echter Dickmacher. Er besteht meist zu einem großen Teil aus Fett und Geschmacksverstärkern und enthält deutlich weniger Eiweiß als das tierische Produkt.

► HEISSHUNGER AUSBREMSEN

Wenn sich plötzlich großer Appetit meldet, obwohl man eigentlich noch satt von der letzten Mahlzeit sein müsste, sind die guten Vorsätze schnell dahin. Im Nu ist das Falsche und davon auch noch zu viel im Mund, die Reue danach vorprogrammiert. Heißhunger ist ein typisches Phänomen, das bei Menschen auftritt, die eine strenge Diät halten wollen oder gerade hinter sich haben. In solchen Momenten gibt es ein paar Rettungsstrategien. Sie können zum Beispiel innehalten und überlegen, warum es Sie plötzlich zum Kühlschrank zieht. Steckt Stress, Angst, Freude, Langeweile oder Frust dahinter? Sie werden spüren, welche Art von Hunger (siehe Seite 12) die plötzliche Lust auf Essen auslöst, und können sich schnell ablenken. Süßigkeiten sollten nicht in Reichweite sein. Vielleicht hilft es schon, ein Glas Wasser zu trinken. Eventuell ist auch ein Spaziergang, eine kurze Pause mit Augenschließen oder eine Entspannungsübung eine Alternative zum Schokoriegel im Dreierpack. Und nicht vergessen: Manchmal weist Heißhunger auch auf einen Mangel hin (siehe Kasten links).

► MIT ACHTSAMKEIT LANGSAM ESSEN

Eine andere Maßnahme wirkt vorbeugend: Essen Sie achtsam. Das heißt vor allem langsam und bewusst. Kauen Sie jeden Bissen mehrmals – jeden Bissen mindestens 20-mal. Lassen Sie verschiedene Geschmacksrichtungen auf der Zunge zergehen (siehe Seite 34) und machen Sie sich Gedanken darüber, wie es schmeckt. Achten Sie auch auf Sättigungssignale, die das Gehirn sendet, wenn genug Kalorien aufgenommen wurden. Das ist vor allem dann schwer, wenn etwas besonders süß schmeckt. Achten Sie darauf, dass die Portionen, die zur Verfügung stehen, entsprechend klein sind. Ebenfalls wichtig: Lassen Sie sich beim Essen nicht ablenken. Das Smartphone bleibt aus. Es wird nicht gelesen, nicht getippt und nicht telefoniert. Kein Bildschirm läuft nebenbei. Studien belegen, dass wir mehr essen, wenn wir nebenbei andere Dinge tun.

► ERFOLG MIT DER 20:80-REGEL

Alle wichtigen Informationen über gesunde Ernährung nützen leider nichts, wenn Sie sie nicht regelmäßig umsetzen, weil Sie sich überfordert fühlen. Damit das gelingt, funktioniert die Ernährungsumstellung mit der sogenannten 20:80-Regel besonders gut. Der Gedanke an das 20:80-Prinzip kann beruhigend sein: Demnach dürfen Sie nämlich erst einmal sagenhafte 80 Prozent Ihrer bisherigen Gewohnheiten beibehalten, auch wenn es schlechte sind. Ändern Sie am Anfang nur 20 Prozent in Richtung „gesund“. Das können Sie ganz entspannt angehen, ohne dass Sie sich immer wieder Gedanken machen müssen, ob Sie wirklich alle Lebensmittel richtig aussuchen und nicht zu viel oder zu wenig essen. Der Erfolg wird sich selbst mit 20 Prozent Veränderungen einstellen. Dafür gibt es einige Tricks:

Schlechte Gewohnheiten erkennen

Kennen Sie Ihre schlechten Gewohnheiten? Vielleicht fallen sie Ihnen nicht auf Anhieb ein, aber wenn Sie darüber nachdenken, kommt bestimmt etwas zutage: Der leckere Schokokuchen gegen Stress im Büro. Die salzigen Paprikachips, die einfach zu einem entspannenden Feierabend gehören. Die Flasche Bier, die selbstverständlich geöffnet wird, wenn Fußball im Fernsehen läuft. Der Zucker, der den Kaffee aufpeppt, weil Sie überzeugt sind, dass es ohne nicht schmeckt. Ständiges Snacken, schnelles Schlingen oder Essen nebenbei - es gibt viele lieb gewonnene, aber leider ungesunde Muster, die sich in den Alltag einschleichen oder uns manchmal schon seit der Kindheit prägen. Um davon loszukommen, müssen Sie sie erst einmal entlarven. Dann sollten Sie sich die Dinge, die sehr wichtig für Sie sind, nicht sofort komplett verbieten, sondern die schlechten Angewohnheiten schrittweise durch bessere ersetzen. Das kann ruhig ein paar Wochen dauern.

Mischungen immer weiter „strecken“

Finden Sie zunächst heraus, wann Sie aus Gewohnheit Dinge essen, die Sie eigentlich längst von Ihrem Speiseplan verbannen wollten. Dann suchen Sie Ersatz. Zum Beispiel:

- Knabbern Sie eine Möhre statt salzige Chips oder essen Sie zwischendurch ein hart gekochtes Ei oder ein Stück Käse statt Kuchen.
- Reduzieren Sie die Zuckermenge im Kaffee langsam (z. B. jede Woche ein bisschen weniger), bis Sie ohne zusätzliche Süße auskommen.
- Mischen Sie den heiß geliebten Erdbeerfruchtjoghurt, der viel Zucker enthält, mit Naturjoghurt: anfangs jeweils zur Hälfte, dann zwei Drittel Natur zu einem Drittel Fruchtjoghurt. Am Ende gibt's „ungestreckten“ Naturjoghurt.

„Das schmeckt mir aber nicht“, wenden Sie jetzt vielleicht ein. Aber denken Sie daran, dass Geschmack sich ändern kann. Dahinter steckt ein psychologischer Trick, der sich in verschiedenen Bereichen des Alltags beobachten lässt: der sogenannte Mere-Exposure-Effekt (auf Deutsch: der Effekt der Darbietungshäufigkeit). Demnach werden uns Dinge mit der Zeit umso sympathischer, je häufiger wir ihnen begegnen. Wenn wir etwas nicht besonders mögen, aber auch keine Abneigung dagegen haben, es also neutral bewerten, müssen wir es einfach öfter essen. Danach fällt die Bewertung in der Regel positiver

AUSGEWÄHLTE WERTE FÜR DEN GLYKÄMISCHEN INDEX

jeweils im Verhältnis zu Traubenzucker mit einem Glyx von 100

Mit hohem Glyx (> 70)	Mit mittlerem Glyx (55–70)	Mit niedrigem Glyx (< 55)
Baguette	roher Naturreis	Roggenvollkornbrot
Cornflakes	gekochter Basmatireis	Vollkornhaferflocken
Weizenvollkornbrot	Couscous	Porridge
Weißbrot/Toastbrot	Gnocchi (Kartoffeln)	gekochte Spaghetti
Wassermelonen	Roggenbrot/Graubrot	Erdnusskerne
gekochte Kartoffeln, geschält	Mais	Cashewkerne
	Rote Bete	Ananas
Kartoffelchips	Süßkartoffeln	Äpfel, Birnen
Pommes frites	Kiwis	Aprikosen, Pfirsiche
Kartoffelpüree (Instant)	Ananas	Bananen
Cracker	koffeinhaltige Softgetränke	Erdbeeren
	Milchspeiseeis	Hülsenfrüchte
	Kartoffelchips	Möhren

aus. Das Gehirn wird langsam umtrainiert. Auch Fertigprodukte lassen sich schrittweise verbannen. Bei einer Ernährungsumstellung kann es hilfreich sein, zusätzlich andere Dinge zu verändern, etwa mal andere Wege zu gehen. Oder Sie nutzen zunächst Wochenenden und Urlaube, um ohne Alltagsstress loszulegen und sich auf eine gesunde Ernährung zu konzentrieren.

Ausnahmen sind erlaubt

Wenn es einigermaßen läuft mit der gesunden Ernährung, kann immer mal wieder etwas dazwischenkommen: Ein großes Essen mit Freunden am Abend, eine Geburtstagsfeier, Weihnachten und andere Festtage – da möchte niemand Möhren knabbern, wenn andere genüsslich schmausen. Das muss auch gar nicht sein. Bleiben Sie entspannt. Niemand muss immer alles richtig machen. Wichtig ist: Betrachten Sie es nicht als Versagen, wenn Sie mal ein Stück Kuchen essen und beim Tiramisu zum Nachtisch nicht Nein sagen können. Die Wochenbilanz ist entscheidend! Das Gefühl, den eigenen Ansprüchen nicht zu genügen, ist wenig motivierend. Häufig führt es dazu, dass man seine guten Vorsätze ganz aufgibt, statt nach einer Ausnahme einfach weiterzumachen.

► NIEDRIGER GLYX, HOHER PROTEINANTEIL

Der glykämische Index, abgekürzt Glyx oder GI, verrät, wie unsere Nahrung auf den Blutzuckerspiegel wirkt. Dafür berechnet man, wie lange ein Lebensmittel braucht, um den Zuckerspiegel im Blut ansteigen zu lassen. Gemessen wird der Anstieg nach 50 Gramm Kohlenhydraten aus einem Lebensmittel. Der Referenzwert von 100 Prozent ist dabei die

Aufnahme von 50 Gramm Glukose (Traubenzucker). Der glykämische Index hat enorme Auswirkungen aufs Abnehmen und auch auf unser Wohlbefinden. Lebensmittel mit einem niedrigen Glyx lassen den Zuckerspiegel langsamer steigen und machen deshalb weniger dick. Wer bei der Essensauswahl darauf achtet, kann auf gesunde Weise das Abnehmen unterstützen. Der glykämische Index zeigt damit die Qualität von Kohlenhydraten an: Die „guten" halten den Blutzuckerspiegel in der Balance, während die „schlechten" ihn erst zügig in die Höhe treiben und dann rasch absacken lassen. Je schneller das passiert, desto heftiger meldet sich der Hunger danach. Die groß angelegte europäische Diogenes-Studie, bei der Ernährungsfaktoren untersucht wurden, die eine Rolle beim Zunehmen spielen, konnte zeigen dass eine Kombination von Lebensmitteln mit einem niedrigen Glyx und einem hohen Proteinanteil optimal fürs Gewichthalten, also fürs Dranbleiben ist. Probanden der Studie, die das umsetzten, hatten auch nach sechs Monaten nicht wieder zugenommen. Beispiele zum glykämischen Index einiger kohlenhydrathaltiger Lebensmittel finden Sie in der Tabelle auf Seite 33.

SÜSS, SALZIG, SAUER – VIELFALT UNTERSTÜTZT DAS ABNEHMEN

Süß, salzig, sauer, bitter und scharf - das sind die klassischen Geschmacksrichtungen, die die meisten kennen. Dazu kommt umami, eine Bezeichnung, die sich aus den japanischen Begriffen für „köstlich" und „Geschmack" zusammensetzt. Umami beschreibt eine herzhaft würzige, käsig oder auch rauchige Geschmacksrichtung, die wir vor allem aus der asiatischen Küche kennen. Beim Abnehmen ist es hilfreich, alle Geschmacksrichtungen in einer Mahlzeit abzudecken, denn sonst entstehen unnötige Gelüste. Ein guter Mix verhindert Heißhunger. Man hat seltener Lust auf Snacks. Übergewicht reduziert sich dadurch auf die Dauer von allein. Evolutionär gesehen ist das sinnvoll, denn die verschiedenen Geschmäcker sind dazu da, dass wir unseren Körper mit vielfältigen Nährstoffen versorgen und keinen Mangel erleiden.

► GLUKOSE-TRICKS

Der glykämische Index und Esspausen zwischen den Mahlzeiten sind allerdings nicht alles. Es gibt noch andere Möglichkeiten, den Blutzucker in der Balance zu halten und den Glukose-Haushalt gezielt zu managen. Es kommt beispielsweise auf die Zusammenstellung der einzelnen Lebensmittel auf dem Teller, aufs Tempo und auf Bewegung nach dem Essen an. Dabei gilt:

- Bringen Sie verschiedene Komponenten zusammen - zum Beispiel Gemüse mit Ballaststoffen, Eiweiß, Fett und Kohlenhydraten, um stabile Zuckerwerte zu erreichen. Wichtig ist, dass die Carbs nicht allein auf dem Teller landen. Wenn es möglich ist, fangen Sie mit einem Salat an. Zuckerhaltiges sollte es nur als Dessert geben, denn direkt nach einer Mahlzeit löst es keinen neuen Heißhunger aus.

- Essig verlangsamt den Spaltungsprozess von Kohlenhydraten. 1 EL Apfelessig mit Wasser, ein entsprechendes Salatdressing oder in Essig eingelegtes Gemüse verhindert Blutzuckerspitzen. Auch ein Glas Wasser mit Zitrone kann hilfreich sein.

- Bewegen Sie sich nach dem Essen, denn sonst sammelt sich Glukose im Organismus und löst einen Blutzuckeranstieg aus. Kommen wir körperlich in Schwung, verbrauchen die Muskeln den überschüssigen Zucker.

Kleine Tricks mit großer Wirkung

Endlich loslegen, selbstbewusst mit dem Projekt „Abnehmen“ starten, motiviert dranbleiben und nicht so schnell wieder aufgeben? Hier geben wir Ihnen ein paar Tipps, die Ihnen dabei helfen.

1

Schluss mit der Aufschieberitis: Setzen Sie sich feste Termine, an denen es los- und weitergehen soll. Planen Sie dabei realistisch, sodass das Abnehmen in Ihren Alltag passt und Sie nicht so schnell Ausreden finden.

2

Verpflichtungen schaffen: Erzählen Sie Ihrer Familie, Ihren Bekannten und Ihren Kollegen von Ihren guten Vorsätzen. Das verstärkt den Wunsch dranzubleiben. Vielleicht finden Sie dabei sogar Gleichgesinnte.

3

Nutzen Sie die Kraft der Affirmation, indem Sie erfreuliche Sätze aufnehmen und immer wieder hören: Mir geht es besser. Ich spüre, wie ich schlanker werde.

4

Reden Sie nicht schlecht über sich selbst („Ich werde scheitern“), sondern loben Sie sich für jede gute Tat („Toll, dass ich heute viel Gemüse gegessen habe“).

5

Gute Planung ist die halbe Miete. Überlegen Sie sich wochenweise, was wann auf den Tisch kommen soll. Vielleicht können Sie auch etwas für mehrere Mahlzeiten vorkochen. Beginnen Sie schon beim Einkauf, Ihre guten Vorsätze in die Tat umzusetzen.

6

Pflegen Sie Essrituale. Planen, kochen, vielleicht mit anderen zusammen am Tisch sitzen – mit festen Routinen weichen Sie nicht so schnell ab.

7

Holen Sie sich psychologische Hilfe. Wenn Sie merken, dass Sie allein nicht weiterkommen, ist in manchen Fällen eine ganzheitliche Therapie nötig.

Unsere Top-Lebensmittel zum gesunden Abnehmen

Satt werden und trotzdem Gewicht verlieren? Mit den richtigen Lebensmitteln ist das möglich. Sie sind kalorienarm und dafür ballaststoffreich, kurbeln den Stoffwechsel an und halten den Blutzuckerspiegel niedrig. Lernen Sie hier unsere Top-Favoriten zum Abnehmen und Schlankbleiben kennen.

BEEREN

Heidelbeeren, Himbeeren, Johannisbeeren, Brombeeren, Erdbeeren, Stachelbeeren – gesund sind sie alle. Es gibt wohl kaum jemanden, der im Sommer nicht gerne die kleinen Früchte nascht. Gut so, denn Beerenobst kann dazu beitragen, Bauchfett und Übergewicht loszuwerden. Neben Vitaminen und wertvollen Mineral- und Ballaststoffen enthalten Beeren in hoher Konzentration Polyphenole, sekundäre Pflanzenstoffe, die sich positiv auf die Fettverbrennung auswirken. Die Früchtchen sind arm an Fruchtzucker und Kalorien (maximal 44 Kilokalorien pro 100 Gramm), sättigen aber dank ihrer Ballaststoffe trotzdem. Sie halten den Blutzuckerspiegel auf konstantem Niveau und kurbeln die Verdauung an.

HAFERFLOCKEN

Sie liefern Energie, Nährstoffe, Zink, Eisen, Magnesium, B-Vitamine und komplexe Kohlenhydrate. Haferflocken lassen den Insulinspiegel langsamer ansteigen, stärken das Immunsystem, machen fit und halten lange satt. Vor allem punkten Haferflocken mit dem Ballaststoff Beta-Glucan, der das Mikrobiom stärkt und das Abnehmen fördert. Zum Start in den Tag sind die kleinen Kraftpakete ideal, sie passen aber auch zu herzhaften Gerichten. Wer abnehmen möchte, sollte allerdings nicht zu viel davon essen. 50 Gramm (etwa 5 EL) sind für eine Mahlzeit ideal. Um die Sättigung zu spüren, empfiehlt es sich, die Flocken mit Milchprodukten zu kombinieren und sie langsam zu essen. Beeren eignen sich als Topping besonders gut. Ob Sie zarte oder kernige Flocken verwenden, ist Geschmackssache. Beide werden aus dem vollen Korn hergestellt.

NÜSSE

Ihr hoher Fettgehalt hat ihnen eine schlechtes Image beschert. Wer abnehmen möchte, verzichtet häufig auf Nüsse mit dem Argument „Die machen dick". Zugegeben, ein Fettanteil von 70 Prozent, wie ihn Macadamianüsse aufweisen, oder 60 Prozent (bei Wal- und Haselnüssen) schlägt aufs Kalorienkonto. Wer eine 100-Gramm-Tüte mit einer Nussmischung verputzt, nimmt gleich bis zu 700 Kalorien zu sich. Doch das ist kein Grund, auf Nüsse zu verzichten. Im Gegenteil: Die in ihnen enthaltene Ölsäure zügelt den Appetit – in erster Linie macht aber der hohe Eiweißgehalt lange satt. Vor allem Mandeln, Walnüsse und Pistazien können mit ihren gesunden ungesättigten Fettsäuren unter anderem vor Herzerkrankungen, Diabetes und Krebs schützen, Entzündungen hemmen, den Blutzuckerspiegel stabilisieren und den Cholesterinspiegel senken. Die Nervennahrung ist allerdings nur gesund, wenn sie weder gesalzen noch gesüßt und auch nicht erhitzt wird. Richtig dosiert sind die Energiebomben kleine Schlankmacher. Essen Sie wegen der hohen Kalorienzahl nicht mehr als 20 Gramm Nüsse täglich. Das entspricht etwa 1 kleinen Handvoll.

HANFSAMEN

Abnehmen mit Hanfsamen? Das hört sich ungewöhnlich an. In der Tat ist es wenig bekannt, dass die Samen der traditionellen Nutz- und Heilpflanze eine hervorragende Eiweißquelle mit einem perfekten Omega-6- zu Omega-3-Fettsäurenverhältnis sind. Mit viel Protein und wenig Kohlenhydraten lassen sie die Pfunde schmelzen, weil sie im Magen aufquellen und so die Insulinausschüttung verzögern. Da sie die Hormonregulierung unterstützen, tragen sie zum Stressabbau bei und kurbeln den Stoffwechsel an, sodass der Körper mehr Kalorien verbrennt. Zusätzlich enthalten die Samen sogenannte Cannabinoide mit appetithemmender Wirkung. Pro Tag ist 1 Esslöffel empfehlenswert. Auch kalt gepresstes Hanföl bietet gesundheitliche Benefits. Dank seines Fettsäuremusters gehört es zu den hochwertigsten Speiseölen, vor allem in der kalten Küche.

GRÜNES BLATTGEMÜSE

Die Farbe Grün verbindet eine ganze Reihe erstklassiger Abnehmhelfer unter dem Begriff „grünes Blattgemüse“. Dazu zählen zum Beispiel Grünkohl und andere Kohlsorten, Spinat, Salate, Rucola, Mangold, Chicorée sowie Garten- und Wildkräuter, vor allem aus heimischen Gefilden. Sie haben unterschiedliche Eigenschaften, die den Abbau von Übergewicht unterstützen. So enthält das „Grün“ wenig Kalorien und Kohlenhydrate, ist aber reich an Ballaststoffen, die die Verdauung in Schwung bringen. Mit Salaten und Co. können Sie das Volumen einer Mahlzeit erhöhen, ohne mehr Kalorien aufzunehmen. Der Teller sieht voller aus, der Magen hat zu tun. Sie fühlen sich früher satt. Blattgemüse wirkt wie ein natürlicher Appetitzügler, so fördern etwa die Bitterstoffe im Spinat das Sättigungsgefühl. Auch als Gesundheits-Booster können sich Mangold, Feldsalat, Rucola und Co. sehen lassen. Sie enthalten zum Beispiel mehr Eisen als Fleisch, versorgen uns mit Folsäure und Magnesium, stärken das Immunsystem, beugen Entzündungen vor, reinigen das Blut und regen zur Blutbildung an.

MILCHPRODUKTE

An der Milch scheiden sich die Geister. Ist sie gesund oder ein Fettmacher? Das kommt wie so oft auf die Dosis an. Kalzium, Vitamin D, Proteine und ein niedriger glykämischer Index sind gute Argumente „pro“. Bio-Milch und -Milchprodukte in Maßen gehören zu einer gesunden Ernährungsform dazu, aber nicht jedes Produkt ist zu empfehlen. Meiden Sie Sahne, Schmand, Crème fraîche sowie Milchreis und Kakaozubereitungen mit Zuckerzusatz.
An der Kühltheke wählen Sie am besten Milch und Naturjoghurt mit 1,5 bis 3,5 Prozent Fett (keinen Fruchtjoghurt), Buttermilch, Kefir, Skyr, mageren Speisequark oder saure Sahne. Beim Käse sollte der Fettgehalt nicht über 45 Prozent Fett i. Tr. liegen. Geeignet sind Schnitt- und Weichkäse, Feta oder Mozzarella. Besonders mager sind körniger Frischkäse und Harzer Käse. Nicht umsonst gilt Letzterer als gesunder Snack gegen Heißhungerattacken.

KARTOFFELN

Kartoffeln sind nichts für die schlanke Linie? Von wegen! Die tolle Knolle ist ausdrücklich erlaubt, wenn es darum geht, das Gewicht zu senken. Mit ihrem hohen Wasseranteil von 80 Prozent und kaum Fett sind Kartoffeln kalorienarm. Leicht verdauliche Stärke wird bereits im Mund gespalten und signalisiert dem Gehirn, dass Energie im Anmarsch ist und die Sättigung beginnt. Vitamine, Mineral- und Ballaststoffe kurbeln die Verdauung an. Trotz ihres hohen Kohlenhydratanteils, der sie in Low-Carb-Diäten zum Tabu macht, können sie das Abnehmen unterstützen, wenn man auf die richtige Zubereitung achtet. Essen Sie die Knollen nur in Wasser gegart, am besten samt Schale als Pellkartoffeln, und nicht als Pommes frites, Reibekuchen oder Kartoffelsalat. Denn in dieser Form sind sie meist mit ungesunden Fetten, Butter oder Mayonnaise verbunden.

TIPP

Zu echten Abnehmhelfern werden Kartoffeln in Kombination mit Magerquark. Wenn Sie sie kochen, dann im Kühlschrank mindestens 12 Stunden abkühlen lassen und erst danach verzehren, entsteht resistente Stärke, ein besonderer Ballaststoff, der unser Mikrobiom positiv beeinflusst (siehe Seite 19).

AVOCADOS

Sie haben zwar reichlich Kalorien und enthalten viel Fett, dennoch gelten Avocados als Schlankmacher. Das liegt daran, dass das Trend-Superfood wertvolle einfach ungesättigte Fettsäuren enthält, die die Kilos purzeln lassen und unter anderem wirksam gegen Bauchfett sind. Die Fettsäuren der Avocados sorgen für eine gute Sättigung und können dazu beitragen, dass man weniger Kalorien aufnimmt, weil seltener Heißhungerattacken auftreten. Wer sich satt fühlt, neigt weniger dazu, übermäßig zu essen. Auch als Ballaststoffquelle eignen sich die grünen Früchte ausgezeichnet. Wichtige Vitamine und Mineralstoffe, darunter Kalium, Vitamin K, Folsäure, Vitamin C, Vitamin B6 und Vitamin E, halten uns gesund und stärken das Immunsystem. Zudem sind die Früchte mit ihrer cremig streichzarten Konsistenz eine gute Alternative zu Butter, Streichwurst oder Käse. Auch im Kuchen können Sie Butter ersetzen. Am besten kaufen Sie fair gehandelte Avocados aus Bio-Anbau.

ÄPFEL

Wenig Kalorien, kaum Fett, viel Wasser, praktisch, da ohne Kleckern zu essen – kein Wunder, dass Äpfel ein fester Bestandteil der schlank machenden Küche sind und zu den beliebtesten Obstsorten überhaupt zählen. Als Abnehm-Supporter wirken die roten, grünen oder gelben Früchte auf mehreren Ebenen. Vor allem alte Sorten enthalten neben gesunden sekundären Pflanzenstoffen auch zahlreiche weitere Stoffe mit antioxidativen Eigenschaften sowie Pektin, einen wasserlöslichen Ballaststoff, der im Magen aufquillt und Sättigung signalisiert, ohne dass man viel Energie aufnehmen muss. Pektin bindet Giftstoffe und kurbelt die Verdauung an. Amerikanische Studien konnten zeigen, dass der Körper mehr Kalorien verbraucht, um Äpfel zu verdauen, als die knackigen Früchte selbst enthalten. Die Folge: Der Organismus muss Energiereserven aus den Fettdepots anzapfen. Allerdings gilt auch hier: Halten Sie Maß, denn in vielen Apfelsorten steckt reichlich Fruchtzucker. Mehr als zwei Äpfel am Tag sollten es nicht sein. Gut zu wissen: Wenn Sie einen dieser Äpfel vor dem Mittagessen verspeisen, reduziert das die Kalorienaufnahme um 15 Prozent – auch das konnten Studien belegen.

TIPP

In Bio-Äpfeln finden sich weniger Pestizide. Essen Sie die Früchte nach dem Abwaschen ruhig mit Schale, denn direkt darunter sitzen die meisten Vitamine und die besten Nährstoffe. Außerdem erhöht die Schale Ihre Aufnahme an Ballaststoffen.

KICHERERBSEN

Sie sind klein, haben aber große Kraft: Zu Recht gelten Kichererbsen als echte Fettverbrenner. Das hat verschiedene Gründe. Die Hülsenfrüchte sind reich an Ballaststoffen und komplexen Kohlenhydraten. Außerdem punkten sie mit einem hohen Gehalt an pflanzlichem Eiweiß – deshalb sättigen sie gut und vor allem lange. Eine Studie konnte zeigen, dass Probanden, die jeden Tag eine Handvoll Kichererbsen gegessen hatten, leichter auf zu viel Fett und auf Produkte mit wenig Ballaststoffen verzichten konnten. Sobald sie die Kichererbsen wieder vom Speiseplan strichen, setzten Heißhungerattacken ein. Mit ihrem einzigartigen leicht nussigen Geschmack sind Kichererbsen in der Küche vielseitig einsetzbar.

EIER

Lange Zeit hatten Hühnereier ein schlechtes Image. Es hieß, dass sie sich negativ auf den Cholesterinspiegel auswirken und man sie besser vom Speiseplan streichen sollte. Diese Argumente konnten zum Glück längst widerlegt werden. Heute weiß man die Vorzüge von Eiern zu schätzen. In puncto Abnehmen zählen sie sogar zu den Top-Empfehlungen. Ein Ei wiegt 50 bis 60 Gramm und enthält gekocht 80 bis 100 Kalorien. Trotz der geringen Energiedichte macht es dank des gut verfügbaren Proteins lange satt. In Eiern stecken keine Kohlenhydrate und nur wenig, aber gesundes Fett – dafür punkten sie mit Kalzium, Eisen und Vitaminen (A, D, E, K sowie B1, B2, B6 und B12). Eiweiß hat die höchste biologische Wertigkeit, die es bei Lebensmitteln gibt. Das heißt, dass der menschliche Organismus dieses Protein besonders gut verwerten kann. Durch geschickte Kombinationen (z. B. mit Kartoffeln) lässt sich die Wertigkeit sogar noch steigern (siehe Seite 17). Und nicht zu vergessen: Eier unterstützen den Muskelaufbau.

KRÄUTER UND GEWÜRZE

Kleine Mengen haben große Wirkung. Auch mit Kräutern und Gewürzen lässt sich die schlanke Küche unterstützen. Hier einige Beispiele:

- Basilikum steigert den Fettabbau und hat einen entwässernden Effekt.
- Ingwer kurbelt mit den Scharfstoffen Capsaicin und Gingerol den Stoffwechsel an.
- Frisch gemahlener Pfeffer ist dank des Aromastoffs Piperin ein echter Fatburner.
- Kreuzkümmel wirkt darmregulierend.
- Kurkuma verstärkt das Sättigungsgefühl und hält den Blutzuckerspiegel niedrig.
- Petersilie gilt als Appetitzügler und verhindert Heißhunger auf Süßes. Ihre Bitterstoffe unterstützen nämlich die Sättigung.

Verschaffen Sie sich Klarheit: mit dem Tagebuch auf Fehlersuche

Um Ihre Ernährung umzustellen und erfolgreich abzunehmen, sollten Sie in kleinen Schritten vorgehen. Ein Tagebuch, in dem Sie alles aufschreiben, was Sie essen und trinken, ist dabei hilfreich. Es verschafft erst einmal Klarheit, motiviert zum Weitermachen und unterstützt beim Dranbleiben.

Oft sind es nur Kleinigkeiten. Man hat falsch geplant und bekommt plötzlich Heißhunger, der alle guten Vorsätze zunichtemacht. Viele essen auch einfach aus Langeweile oder gegen Stress zwischendurch und haben das Gefühl „eigentlich kaum etwas" verdrückt zu haben, obwohl die Liste mit Keksen und Süßigkeiten als Snacks lang ist. Manch einem fällt es kaum auf, wenn es tagelang kein Gemüse gab, weil das Essen fast unbewusst nebenbei stattfindet. All das können Sie vermeiden, indem Sie Ihr persönliches Ernährungsprotokoll führen. Das heißt, dass Sie wirklich alles, was Sie zu sich nehmen (auch Kleinigkeiten und Getränke!), notieren.

UNBEWUSSTE MUSTER ENTDECKEN

Ob in einem Heft oder Buch mit entsprechenden Vorlagen oder auf dem Smartphone (z. B. mit der myFoodDoctor-App): Sie können alles nutzen, was Ihnen gefällt. Ihre Aufzeichnungen helfen zum einen Ihrer Ärztin oder Ihrem Ernährungsberater, wenn Sie sich bei ernährungsbedingten Krankheiten unterstützen lassen, zum anderen aber vor allem Ihnen selbst. Denn beim Aufschreiben machen Sie sich Ihre guten und schlechten Gewohnheiten bewusst. Sie können dann schnell herausfinden, nach welchen Mustern Sie essen und trinken, und realistische Pläne entwickeln, um typische Fallen zu meiden. Wenn Sie zusätzlich notieren, warum Sie zu einem Stück Schokolade greifen, obwohl die letzte Mahlzeit erst eine Stunde her ist, fangen Sie automatisch an, bewusster und achtsamer zu essen. Das regelmäßige Notieren kostet Sie lediglich ein paar Minuten am Tag, ist aber sehr wirkungsvoll.

UNTERTEILUNG IN KLEINE SCHRITTE

Wenn Sie noch mehr erreichen möchten, setzen Sie sich in Ihrem Tagebuch Etappenziele. Nehmen Sie sich etwa vor, in der ersten Woche nur noch Wasser statt Saft zu trinken und jeden Tag eine Mahlzeit mit selbst gekochtem Gemüse auf den Tisch zu bringen. Oder ein paar Tage lang auf Zucker zu verzichten. Erst einmal nur zur Probe, danach vielleicht von Montag bis Freitag oder für fast immer. Die Ziele sollten nicht zu hochgesteckt sein, sonst ist das Scheitern vorprogrammiert. Überlegen Sie sich daher genau, was Sie schaffen können, bevor Sie es als Etappenziel notieren.

JEDEN ABEND RÜCKSCHAU HALTEN

Nutzen Sie das Ernährungstagebuch auch, um jeden Abend Rückschau auf den Tag zu halten. Reservieren Sie sich dafür ein paar Zeilen, in denen Sie aufschreiben, was Ihnen Gutes oder Schönes passiert ist und wofür Sie dankbar sind. Das verbessert die Stimmung und erhöht die Erfolgschancen. Denn erfahrungsgemäß gelingen uns schwierige Dinge sehr viel besser, wenn wir sie mit guter Laune erledigen. Zudem fördert Dankbarkeit die Zufriedenheit.

In der Diskussion: die Spritze zum Abnehmen

Neue Wirkstoffe machen es bei starkem Übergewicht möglich: Medikamente lassen die Pfunde purzeln, versprechen Abnehmen ohne Diät und ohne Sport. Die Ernährungs-Docs warnen aber eindringlich davor, wenn Normalgewichtige damit „Kosmetikmedizin“ betreiben wollen.

Der Hype um die „Spritze zum Abnehmen“ ist groß. Sollte es tatsächlich möglich sein, mit einem Medikament Übergewicht in den Griff zu bekommen, ohne das Essverhalten zu ändern und ohne Sport zu treiben? Das Diabetes-Typ-2-Mittel Ozempic mit dem Wirkstoff Semaglutid zügelt den Appetit, senkt den Blutzuckerspiegel, macht schneller satt und schützt die Gefäße. Es wird Menschen, deren Diabetes nur schwer einstellbar ist und die zusätzlich an Erkrankungen der Herzkranzgefäße leiden, einmal wöchentlich ins Unterhautfettgewebe gespritzt. Damit lässt sich die Insulinproduktion selbst bei einer vollständigen Resistenz wieder ankurbeln. Für stark übergewichtige Menschen mit Diabetes, bei denen andere Methoden zum Abnehmen nicht wirken, ist das Medikament eine Chance. Voraussetzung ist immer eine ärztliche Indikation.

„SPRITZE REIN, DÜNNER SEIN“

Nachdem Studien gezeigt hatten, dass auch Normalgewichtige oder Menschen mit leichtem Übergewicht damit effektiv abnehmen können, war ein neuer Diättrend geboren. In den sozialen Netzwerken präsentieren Prominente stolz ihre Abnehmerfolge. Pharmahersteller bringen zusätzliche Medikamente auf den Markt. Die Folge: Immer mehr Gesunde und Normalgewichte wollen den in Deutschland verschreibungspflichtigen „Piks, der die Pfunde purzeln lässt“, nach dem Motto „Spritze rein, dünner sein“. Dies führt zeitweise zu Engpässen in der Produktion, sodass Diabetiker, die das Medikament benötigen, nicht mehr ausreichend versorgt werden können.

JO-JO-EFFEKT NACH DEM ABSETZEN

Während die Medikamente für Adipositas-Patienten sinnvoll sein können, sind sie für Normalgewichtige als Kosmetikmedizin nicht geeignet. Denn die Nebenwirkungen sind nicht zu unterschätzen. Dazu zählen unter anderem Übelkeit, Kopfschmerzen, Nierenprobleme, Verstopfung, Durchfall, Bauchspeicheldrüsenentzündungen oder Netzhautschädigungen. Die Langzeitwirkungen sind noch nicht erforscht. Hinzu kommt: Die Mittel wirken nur, solange man sie nimmt. Wie bei anderen strengen Diäten setzt danach der Jo-Jo-Effekt ein.

ERNÄHRUNGSUMSTELLUNG UNVERMEIDLICH

Die Spritze zum Abnehmen ist also keine Dauerlösung. In manchen Situationen ist sie sogar kontraproduktiv. Denn sie verführt zu Denk- und Verhaltensweisen, die das Abnehmprojekt gefährden. Nach dem Motto: „Wenn ich die Spritze nehme, kann ich auch ruhig wieder tütenweise Süßigkeiten essen“ sind schlechte Gewohnheiten nach den ersten Erfolgen schnell wieder zurück. Es ist also wichtig zu wissen: Diese Medikamente sind nur mit einer professionellen Ernährungsberatung (Adressen siehe Seite 164) und ausreichend Bewegung sinnvoll.

So kommen Sie in Bewegung

Sport ist eine fantastische Möglichkeit, das Abnehmen zu unterstützen. Denn Bewegung hilft nicht nur beim Kalorienverbrauch, sondern auch gegen Stress und Krankheiten. Bauen Sie Muskeln auf und suchen Sie sich einen Ausdauersport, der Ihnen Spaß macht. Denn nur dann bleiben Sie dran.

Gäbe es diese Medizin nicht längst, sie müsste unbedingt erfunden werden. Bewegung gilt heute zu Recht als vielseitiges Heilmittel bei einer ganzen Reihe von Zivilisationskrankheiten. Das rezeptfreie „Medikament" hält das Herz gesund, fördert die Durchblutung und den Fettabbau, heizt den Grundumsatz an und ist damit ein erstklassiger Supporter beim Abnehmen. Außerdem mobilisiert Sport schmerzende Gelenke, bringt das Immunsystem auf Trab, stärkt die Muskeln und ist prima fürs Selbstbewusstsein. Selbst für die Psyche sind regelmäßige körperliche Aktivitäten ein Segen. Bei Depressionen kann Bewegung ähnlich wirksam sein wie ein Antidepressivum. Und schließlich machen Laufen, Radeln und Co. auch noch gute Laune, denn dabei wird die Produktion von Glückshormonen im Gehirn angeregt, ganz ohne unerwünschte Nebenwirkungen. Wer sich aufrafft und dranbleibt, wird also in vielfacher Hinsicht belohnt.

KRAFT- UND AUSDAUERTRAINING SIND GEFRAGT

Am Anfang ist es wichtig, dass Sie überhaupt loslegen. Dabei zählt auch im Alltag jeder Schritt und jede Anstrengung. Auf die Dauer ist dann ein Mix aus Kraft- und Ausdauertraining wie beim Walken, Laufen, Radeln oder Schwimmen ideal. Obwohl Sport supergesund ist, nimmt man davon allein kaum ab. Das funktioniert erst, wenn Sie auch Ihre Ernährung umstellen und weniger Kalorien aufnehmen, als Sie verbrauchen. Dafür ist Bewegung unentbehrlich, vor allem, um das erreichte Gewicht zu halten. Zwei- bis dreimal pro Woche eine halbe Stunde sind für Einsteiger gut zu schaffen; später kann eine Stunde daraus werden. Wichtig: Ihr Sport muss Ihnen Spaß machen, sonst sinkt die Motivation.

MUSKELN KURBELN DEN FETTABBAU AN

Wenn Sie Ihre Muskulatur trainieren, bauen Sie sich so etwas wie eine körpereigene Apotheke auf. Denn die „Muckis" machen bekanntlich stark und fördern den Fettabbau. Als stoffwechselaktive Masse können sie aber noch mehr: Sie schicken heilende Botenstoffe, sogenannte Myokine, durch den ganzen Körper, die vorbeugend und akut gegen Herz-Kreislauf-Erkrankungen, Diabetes und Osteoporose wirken. Myokine stoppen Entzündungen, stärken das Immunsystem, entziehen dem gefährlichen Bauchfett die Grundlage. Selbst bei Rheuma und in der Krebstherapie und -prävention wird die Heilkraft der hormonähnlichen Stoffe heute genutzt. Es gilt: Je mehr ein Muskel herausgefordert wird, desto mehr Myokine schüttet er aus. Um Muskeln aufzubauen, müssen Sie nicht gleich im Fitnessstudio schwere Gewichte stemmen. Fangen Sie ruhig zu Hause an. Sie können zum Beispiel die Beinmuskulatur mit Kniebeugen trainieren. Gehen Sie anfangs nur ein bisschen in die Hocke und steigern Sie sich später. Die Armmuskeln werden mit Liegestützen gestärkt (zuerst am Tisch oder an einer Wand, dann auf Knien und, wenn Sie fit genug sind, auf den Füßen). Um mit wenig Zeitaufwand den ganzen Körper zu trainieren, eignet sich der Unterarmstütz („Plank"), bei dem Sie den gestreckten Körper auf den Zehen und Unterarmen möglichst lange halten. Nicht vergessen: Wenn Sie mit geringen Herausforderungen anfangen, sehen Sie schneller Erfolge und bleiben besser dran. Für Einsteiger sind mehrere kleine Einheiten besser als eine lange, die Muskelkater nach sich zieht.

GELENKSCHONEND TRAINIEREN

Doch längst nicht jeder kann einfach loslegen. Wer zu viel auf die Waage bringt, sollte Rücksicht auf seine Gelenke nehmen, denn die werden bei einigen Sportarten schnell überlastet. Bis das Gewicht wieder im normalen Bereich liegt, ist deshalb gelenkschonendes Training gefragt. Hier eignen sich Radfahren und Schwimmen ganz besonders. Ob draußen auf einem klassischen Fahrrad oder drinnen auf dem Heimtrainer – mit beiden Trainingsformen lassen sich Muskeln und Ausdauer trainieren. Besuche im Schwimmbad können zum festen Ritual werden. Wer prinzipiell gesund ist, darf sich auch bei diesen schonenden Sportarten ruhig ein bisschen anstrengen. Also mit dem Rad mal eine bergige Strecke zurücklegen oder das Tempo phasenweise anziehen. Im Schwimmbad kann man mal eine schnelle Bahn absolvieren.

SPORT ALS ANTI-JO-JO-STRATEGIE

Wenn Sie abgenommen haben, wird Sport als Anti-Jo-Jo-Strategie besonders wichtig. Studien konnten nachweisen, dass Menschen, die einmal erfolgreich viele Pfunde verloren und das Gewicht dann gehalten haben, zwar später wieder mehr essen (im Durchschnitt etwa 300 Kalorien am Tag), aber nicht zunehmen, wenn sie gleichzeitig ihren Grundumsatz durch mehr Bewegung erhöhen. Und nicht zu vergessen: Sport fördert den Stressabbau. Wer weniger gestresst ist, kann sich besser und erfolgreicher auf die Ernährungsumstellung konzentrieren.

AUSDAUERTRAINING FÜR EINSTEIGER

Wenn Sie lange keinen Sport getrieben haben, können Sie sanft einsteigen und dann Ihr individuelles Ausdauertrainingsprogramm entwickeln.

Vom Gehen zum Walken: Ob zur Arbeit, zum Einkaufen oder einfach als Spaziergang – marschieren Sie, sooft es geht. Wenn das ohne Probleme funktioniert, wechseln Sie zwischen normalem und schnellem Gehen. Dabei erhöhen Sie langsam die Intervalle, bis Sie fünf Minuten am Stück schnell und zwei Minuten langsam gehen können. So werden viele wichtige Prozesse im Körper angekurbelt.

Vom Walken zum Joggen: Der Einstieg ist gemacht, der Fettverbrennungsmotor angeworfen? Jetzt halten Sie sich nicht mehr mit Spaziergängen auf, sondern gehen durchgehend schneller. Damit sind Sie schon beim Walken angelangt. Um die Gelenke zu schonen, kann es sinnvoll sein, Walkingstöcke zu benutzen. Suchen Sie sich eine schöne Strecke, für die Sie etwa eine halbe Stunde brauchen. Wenn das funktioniert, beginnen Sie, abwechselnd zu gehen und zu joggen. Dabei verlängern Sie die Joggingphasen langsam (fünf Minuten laufen, zwei Minuten gehen).

Vom Joggen zum Sprinten: Nach ein paar Wochen schaffen Sie vielleicht mehr. Verkürzen Sie die Gehphasen weiter, bis Sie eine halbe Stunde am Stück locker joggen, ohne aus der Puste zu kommen. Wer nach vier bis fünf Monaten auf einem guten Ausdauerlevel ist, braucht neue Reize. Kleine Sprints zwischendurch, Hügel oder Hürden schaffen Abwechslung.

Tipps und Tricks zum Dranbleiben

Damit das Projekt „Abnehmen“ Fahrt aufnimmt und danach nicht vorzeitig endet, muss die Motivation stimmen. Da helfen kleine Tricks – gegen Heißhunger, gegen Versagensgefühle und gegen die Gefahr, in alte Gewohnheiten zurückzufallen.

TEMPO RUNTER!

Gehören Sie zu denen, die ihr Essen schnell herunterschlingen, wenn sie hungrig an den Tisch kommen? Dann nehmen Sie das Tempo raus. Trainieren Sie ruhig bewusst das langsame Essen, indem Sie jeden Bissen etwa 20-mal kauen. Sie können auch zwischendurch mal Messer und Gabel weglegen, um sich auszubremsen. Langsam-Esser werden schneller satt, nehmen weniger zu sich und damit weniger zu.

1

DER KLEINE-TELLER-TRICK

Das Auge isst mit. Auf einem großen Teller sehen manche Gerichte ziemlich klein aus. Da kommt schnell das Gefühl auf „Ich werde nicht satt“. Serviert man dasselbe auf einer kleineren Platte, sieht es nach mehr aus und man nimmt sich auch mehr Zeit zum Essen.

2

REALISTISCHE VORBILDER

Orientieren Sie sich nicht an Instagram-Bildern, auf denen Sie Menschen mit perfekten schlanken Körpern sehen. Nehmen Sie sich stattdessen lieber reale Leute als Vorbild, die nah an Ihnen dran sind und Ähnliches vorhaben. Vielleicht finden Sie jemanden aus der Nachbarschaft oder der Sportgruppe, der seine Ernährung erfolgreich umgestellt hat.

3

LOS GEHT'S

Leiden Sie unter Aufschieberitis und kommen deshalb nicht in die Hufe? Auch wenn das Aufraffen schwerfällt, verschieben Sie den Start Ihrer Ernährungsumstellung nicht immer wieder. Ob Hausputz oder Steuererklärung: Gewöhnen Sie sich in anderen Bereichen ebenfalls an, Unbequemes nicht immer wieder zu vertagen. Dann werden Sie auch beim Essen und beim Sport seltener Ausreden finden.

4

WASSER GEGEN BÄRENHUNGER

Sie kommen mit Riesenhunger an den Tisch? Dann sollten Sie nicht gleich mit dem Essen loslegen, denn meist landet in solchen Fällen zu viel im Magen. Um den Heißhunger zu bremsen, trinken Sie erst einmal ein großes Glas Wasser oder essen Sie vorab einen kleinen Salat.

5

DAS BROT BLEIBT LIEGEN

Häufig wird zum Abendessen mit Fleisch oder Eiweißprodukten und Gemüse oder Salat noch Weißbrot gereicht. Das dürfen Sie ruhig liegen lassen, denn wir benötigen abends keine Kohlenhydrate mehr. Diese blockieren lediglich die Fettverbrennung, die eigentlich über Nacht läuft.

6

AM TISCH ESSEN

Mal auf der Couch essen, dann am Computer, beim nächsten Happen unterwegs auf der Straße und abends am liebsten im Bett? Besser nicht. Gewöhnen Sie sich an, nur am Esstisch und im Sitzen zu essen. Das führt dazu, dass Sie achtsamer essen und zwischendurch weniger snacken.

NICHT MIT LEEREM MAGEN EINKAUFEN

Bestimmt kennen Sie das Phänomen: Wenn Sie hungrig in den Supermarkt gehen, landen Dinge im Einkaufswagen, zu denen Sie mit vollem Magen nicht gegriffen hätten. Studien zeigen: Im Durchschnitt kauft ein leerer Magen 20 Prozent mehr. Das liegt daran, dass ein Großteil unserer Entscheidungen von Emotionen beeinflusst wird, die stärker sind als der Verstand. Also: immer schön satt losziehen und möglichst genau nach Liste kaufen.

BESSER KEINE LIGHT-PRODUKTE

Zero-Drinks, Light-Limo oder Low-Fat-Pudding, der mit Süßstoff statt mit Zucker versetzt wurde – Light-Lebensmittel versprechen Naschen ohne Reue, sind aber häufig Mogelpakete. Die Produkte enthalten zwar weniger Kalorien, kurbeln aber den Appetit an und machen dann auf Umwegen dick. Außerdem enthalten Light-Produkte gesundheitsschädliche Stoffe.

GEFAHRENQUELLEN ENTFERNEN

Aus den Augen, aus dem Sinn. Wenn Sie wissen, dass Sie bestimmte Dinge nur essen, weil sie erreichbar sind, hilft Aufräumen in der Küche. Verschenken Sie ungesunde Vorräte und kaufen Sie nichts nach, das Sie nicht mehr essen möchten.

TRAINING MIT TERMIN

Warten Sie nicht, bis die Lust auf Bewegung Sie überkommt und Sie mehr oder weniger von allein loslaufen, denn das wird nicht so schnell passieren. Stattdessen machen Sie feste Termine fürs sportliche Training, die Sie so ernst nehmen wie Ihre beruflichen Verpflichtungen.

BEWEGUNG NEBENBEI

Gehen Sie in Gedanken alle Strecken durch, die Sie jeden Tag zurücklegen müssen. Welche (oder eventuell auch nur welche Teilstrecken) könnten Sie zu Fuß gehen oder sich dafür aufs Fahrrad setzen statt ins Auto oder in die Bahn? So können Sie sich nebenbei ohne großen Zeitverlust fit halten.

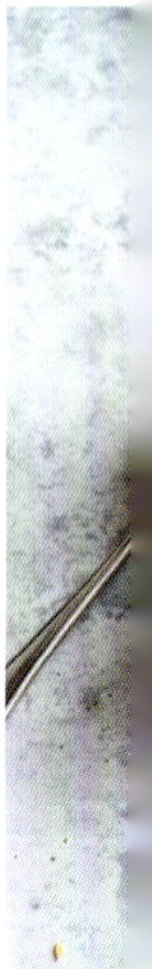

GENIESSEN OHNE JO-JO-EFFEKT

Endlich Schluss mit Rauf und Runter, endlich Schluss mit Jo-Jo! Damit Sie unsere Ernährungstipps im Handumdrehen in der Küche umsetzen können, finden Sie auf den folgenden Seiten 70 alltagstaugliche Rezepte für jeden Geschmack und jede Gelegenheit. Ob Frühstücksideen, deftige Sattmacher oder leichte Low-Carb-Gerichte: Alle Rezepte basieren auf gesunden Zutaten, die lange sättigen und den Blutzucker stabilisieren, entzündungshemmend oder antioxidativ wirken. Denn eines sollte künftig nicht mehr passieren: dass der Heißhunger Sie überrumpelt …

FRÜHSTÜCK

Wie Sie gut in den Tag starten? Mit einem Frühstück, das einen Mix aus Ballaststoffen, langsamen „Carbs“ und Eiweiß bietet. So tanken Sie Ihre Akkus auf, bleiben lange satt und schonen Ihren Blutzuckerspiegel. Und wenn es in der Früh mal schnell gehen soll, können Sie sich ruckzuck einen Protein-Shake mixen.

Birchermüsli mit Erdbeeren und Zucchini

Für 2 Personen
Zubereitung: 20 Minuten

20 g Walnusskerne
10 g Sonnenblumenkerne
1 EL getr. Cranberrys
60 g zarte Haferflocken
250 g Magerquark
150 g stichfester Joghurt (1,5 % Fett)
2–3 EL Mineralwasser (mit Kohlensäure)
1 kleiner säuerlicher Apfel (z. B. Elstar)
1 kleine Zucchini (ca. 100 g)
2 EL Zitronensaft
100 g Erdbeeren (ersatzweise Brom- oder Heidelbeeren)

Pro Portion: ca. 430 kcal, 26 g EW, 14 g F, 44 g KH, 6 g BST

+ Die Walnüsse grob hacken und mit den Sonnenblumenkernen in einer kleinen Pfanne ohne Fett hell anrösten. Vom Herd nehmen und abkühlen lassen.

+ Inzwischen die Cranberrys grob hacken, mit Haferflocken und Nuss-Mix in einer Schüssel mischen. Quark, 100 g Joghurt und das Mineralwasser dazugeben und unterrühren.

+ Den Apfel waschen und auf der Gemüsereibe bis auf das Kerngehäuse grob raspeln. Die Zucchini putzen, waschen und ebenfalls grob raspeln. Beides mit dem Zitronensaft mischen, dann die Haferflocken-Quark-Mischung unterheben.

+ Zum Servieren die Erdbeeren waschen, putzen und je nach Größe halbieren oder vierteln. Das Müsli auf Schalen verteilen und mit dem übrigen Joghurt (50 g) und den Erdbeeren toppen.

DIE ERNÄHRUNGS-DOCS

Verwenden Sie sooft wie möglich stichfesten Joghurt. Zugegeben, man muss ihn im Supermarktregal manchmal suchen. Aber es lohnt sich! Denn anders als cremig gerührter Joghurt enthält stichfester besonders viele Milchsäurebakterien, die sich positiv auf unser Mikrobiom auswirken.

Overnight Oats mit Chilinüssen

Für 2 Personen
Zubereitung: 20 Minuten
Quellen: mindestens 6 Stunden (über Nacht)

100 g kernige Haferflocken
170 ml ungesüßter Haferdrink
15 g Mandeln
15 g Cashewkerne
1 TL Ahornsirup
¼ TL Chiliflocken
200 g reife Papaya
1 TL Limettensaft
1 Kiwi
100 g veganer Kokosjoghurt

Pro Portion: ca. 430 kcal, 12 g EW, 16 g F, 51 g KH, 10 g BST

+ Am Vorabend die Haferflocken mit dem Haferdrink in einer Schüssel verrühren und abgedeckt im Kühlschrank mindestens 6 Stunden, am besten über Nacht, quellen lassen.

+ Am nächsten Tag Mandeln und Cashewkerne grob hacken und in einer kleinen Pfanne ohne Fett hell anrösten. Den Ahornsirup dazugeben, alles mit Chiliflocken würzen und kurz durchschwenken. Vom Herd nehmen und abkühlen lassen.

+ Die Papaya eventuell halbieren, entkernen, schälen und in etwa 1 cm große Würfel schneiden. Die Würfel sofort mit dem Limettensaft beträufeln. Die Kiwi schälen, längs halbieren und quer in Scheiben schneiden.

+ Zum Servieren die Oats auf Schalen verteilen, die Früchte und den Nuss-Mix daraufgeben und alles mit dem Kokosjoghurt toppen. Nach Belieben mit einigen Minzeblättern garnieren.

Orangenjoghurt mit Chiasamen

Für 2 Personen
Zubereitung: 25 Minuten

2 Orangen
40 g Chiasamen
500 g veganer Sojajoghurt
1 EL Pistazienkerne
1 TL Ahornsirup
2 EL Granatapfelkerne

Pro Portion: ca. 290 kcal,
16 g EW, 11 g F, 23 g KH, 14 g BST

+ Für das Chiagel eine Orange halbieren, den Saft auspressen und mit 100 ml Wasser, Chiasamen und 250 g Sojajoghurt in einer Schüssel verrühren. Den Mix etwa 15 Minuten quellen lassen. (Alternativ das Chiagel am Vorabend ansetzen und abgedeckt über Nacht im Kühlschrank quellen lassen.)

+ Inzwischen die Pistazien grob hacken und nach Belieben in einer kleinen Pfanne ohne Fett hell anrösten. Herausnehmen und abkühlen lassen.

+ Die zweite Orange so großzügig schälen, dass auch die weiße Haut mit entfernt wird. Die Filets zwischen den einzelnen Trennhäuten herausschneiden, den austretenden Saft auffangen und den Rest der Orange gut ausdrücken. Den übrigen Joghurt (250 g) mit dem aufgefangenen Orangensaft und dem Ahornsirup unter das Chiagel rühren.

+ Zum Servieren das Frühstück auf Schalen verteilen, mit den Orangenfilets belegen und zuletzt mit Granatapfelkernen und Pistazien bestreuen.

Granola-Müsli mit Amarant

Für ca. 800 g (16 Portionen)
Zubereitung: 20 Minuten
Backen: 30 Minuten

2 kleine reife Bananen (ca. 250 g)
1 Vanilleschote
50 g dunkles Mandelmus
2 TL abgeriebene Bio-Orangenschale
300 g kernige Multikornflocken (Hafer, Weizen, Dinkel, Roggen, Gerste)
200 g zarte Haferflocken
50 g gepuffter Amarant
50 g Sonnenblumenkerne
50 g ganzer Leinsamen
50 g Mandeln
50 g Haselnusskerne

Pro Portion (ca. 50 g): ca. 225 kcal, 7 g EW, 9 g F, 25 g KH, 5 g BST

+ Den Backofen auf 160 °C vorheizen und ein Backblech mit Backpapier belegen. Die Bananen schälen und grob schneiden. Die Vanilleschote längs aufschneiden und das Mark herauskratzen. Bananen und Mandelmus in einem hohen Rührbecher mit dem Stabmixer fein pürieren. Vanillemark und Orangenschale dazugeben und kurz auf kleiner Stufe untermixen.

+ Multikorn- und Haferflocken, Amarant-Pops, Sonnenblumenkerne und Leinsamen in einer Schüssel mischen. Mandeln und Haselnüsse grob hacken und mit der Bananenmischung zum Flocken-Kerne-Mix hinzufügen. Alles gut mischen.

+ Die Mischung gleichmäßig auf dem Blech verteilen und im Ofen auf der zweiten Schiene von unten 25 bis 30 Minuten backen. Dabei mehrmals wenden und durchmischen, damit das Granola gleichmäßig röstet.

+ Das Granola aus dem Ofen nehmen und auf dem Blech vollständig abkühlen lassen. In ein fest schließendes Glas oder Behältnis füllen und kühl und trocken aufbewahren. Es ist mindestens 6 Wochen haltbar.

+ Zum Servieren für zwei Personen je 50 g Granola-Müsli auf Schalen verteilen und mit 300 g stichfestem Joghurt, Skyr natur oder Kefir (Achtung, das Müsli ist dann nicht mehr vegan!) sowie 250 g Beeren nach Wahl toppen.

DIE ERNÄHRUNGS-DOCS

Wer dieses kernige Granola im Vorrat hat, kann sich jederzeit ein gesundes Müsli zubereiten. Dank der Flocken und Nüsse mit reichlich Ballaststoffen und Pflanzeneiweiß ist es ein prima Sattmacher. Natürlich gesüßt ist das Granola mit reifen Bananen, die wertvolle Ballast- und Mineralstoffe liefern.

Skyr-Smoothie-Bowl mit Birne

Für 2 Personen
Zubereitung: 20 Minuten

1 kleine reife Birne
(z. B. Conference; ca. 150 g)
250 g Skyr (max. 0,5 % Fett)
60 g zarte Haferflocken
200 ml ungesüßter Hafer- oder Mandeldrink
100 g Beeren
(z. B. Brom-, Heidel-, Himbeeren)
1 EL Pekannusskerne
(ersatzweise Walnusskerne)
1 EL geschälte Hanfsamen
2 TL flüssiger Honig

Pro Portion: ca. 380 kcal,
21 g EW, 10 g F, 46 g KH, 8 g BST

+ Die Birne waschen, vierteln und entkernen. Ein Viertel beiseitelegen, den Rest grob würfeln und mit Skyr, Haferflocken und Hafer- oder Mandeldrink in einem hohen Rührbecher mit dem Stabmixer erst auf kleiner, dann auf höchster Stufe fein pürieren. Den Smoothie auf Schalen (Bowls) verteilen und etwa 5 Minuten quellen lassen.

+ Inzwischen die Beeren verlesen, waschen und trocken tupfen. Das beiseitegelegte Birnenviertel längs in dünne Scheiben schneiden. Die Pekannüsse grob hacken und in einer kleinen Pfanne ohne Fett hell anrösten. Vom Herd nehmen und abkühlen lassen.

+ Zum Servieren die Smoothie-Bowls mit Birnenscheiben, Beeren, Nüssen und Hanfsamen belegen und zuletzt jeweils mit 1 TL Honig beträufeln.

Aprikosen-Quark-Porridge mit Mohn

+ Die Mandeln grob hacken und in einer kleinen Pfanne ohne Fett bei mittlerer Hitze hell anrösten. Herausnehmen und abkühlen lassen.

+ Währenddessen die Aprikosen waschen, halbieren, entsteinen und in dicke Spalten schneiden. Mit Ahornsirup, Zitronensaft und 3 EL Wasser in der Pfanne einmal kurz aufkochen, danach mit geschlossenem Deckel bei mittlerer Hitze 3 bis 4 Minuten dünsten. Vom Herd nehmen und abkühlen lassen.

+ Inzwischen Haferflocken, Leinsamen, Zitronenschale, Zimt, Milch und 150 ml Wasser in einem Topf unter Rühren einmal aufkochen und mit geschlossenem Deckel bei schwacher Hitze etwa 10 Minuten quellen lassen. Dabei ab und zu umrühren. Den Porridge vom Herd nehmen und den Quark unterrühren.

+ Zum Servieren den Porridge auf Schalen oder tiefe Teller verteilen und das Aprikosenkompott samt Garsud daraufsetzen. Mit gerösteten Mandeln und Mohn bestreuen.

Für 2 Personen
Zubereitung: 25 Minuten

1 EL Mandeln
200 g Aprikosen
(ersatzweise gelbe Pflaumen)
2 TL Ahornsirup
1 EL Zitronensaft
60 g zarte Haferflocken
1 EL geschroteter Leinsamen
1 TL abgeriebene Bio-Zitronenschale
¼ TL Zimtpulver
¼ l Milch (1,5 % Fett)
200 g Magerquark
2 TL Mohnsamen

Pro Portion: ca. 390 kcal,
24 g EW, 12 g F, 41 g KH, 7 g BST

Grapefruit mit Avocadoquark

Für 2 Personen
Zubereitung: 25 Minuten

30 g Mandeln
50 g kernige Haferflocken
2 TL Rapsöl
2 TL flüssiger Honig
½ TL Ingwerpulver
1 rosa Grapefruit
1 reife Avocado
2 TL Limettensaft
250 g Magerquark

Pro Portion: ca. 500 kcal, 23 g EW, 25 g F, 38 g KH, 8 g BST

+ Die Mandeln grob hacken und mit den Haferflocken in einer kleinen Pfanne ohne Fett bei mittlerer Hitze hell rösten, dabei ab und zu umrühren. Anschließend das Öl und den Honig dazugeben und gleichmäßig untermischen, alles mit Ingwer würzen. Die Mischung auf einem Bogen Backpapier verteilen und abkühlen lassen.

+ Inzwischen die Grapefruit so großzügig schälen, dass auch die weiße Haut mit entfernt wird. Die Filets zwischen den einzelnen Trennhäuten herausschneiden, den austretenden Saft auffangen und den Rest der Grapefruit gut ausdrücken.

+ Die Avocado halbieren, entkernen und das Fruchtfleisch aus den Schalen lösen. Eine Hälfte quer in Scheiben schneiden und sofort mit Limettensaft beträufeln, damit sich die Avocado nicht bräunlich verfärbt. Die zweite Hälfte mit 4 bis 5 EL aufgefangenem Grapefruitsaft und dem Quark in einem hohen Rührbecher mit dem Stabmixer cremig pürieren.

+ Zum Servieren die Grapefruitfilets und Avocadoscheiben abwechselnd auf Tellern auslegen. Den Avocadoquark in die Mitte setzen und den Mandel-Crunch darüberstreuen.

DIE ERNÄHRUNGS-DOCS

Mandeln, Haferflocken, Avocado und Quark: Mit diesem gesunden Quartett starten Sie optimal gesättigt in den Tag. Und das ist wichtig, denn wer zum Frühstück ausreichend Eiweiß und hochwertiges Fett zu sich nimmt, ist gegen Heißhungerattacken gut gewappnet. Die Blutzuckerkurve steigt dann nur gemächlich an und bleibt stabiler – davon profitiert der gesamte Stoffwechsel.

Gemüse-Haferkleie-Porridge

Für 2 Personen
Zubereitung: 25 Minuten

100 g tiefgekühlte Erbsen
1 rote Paprikaschote
2 kleine Möhren
1 kleine rote Zwiebel
30 g Haselnusskerne
5 Stiele Petersilie
½ l Gemüsebrühe
60 g zarte Haferflocken
30 g Haferkleie-Flocken
1 EL Olivenöl
Pfeffer aus der Mühle
150 g Kefir (1,5 % Fett)

Pro Portion: ca. 500 kcal,
16 g EW, 25 g F, 44 g KH, 12 g BST

+ Die Erbsen antauen lassen. Die Paprika längs halbieren, putzen, waschen und etwa 1 cm groß würfeln. Möhren und Zwiebel schälen und in kleine Würfel schneiden. Die Nüsse grob hacken. Die Petersilie waschen, trocken tupfen, die Blätter abzupfen und fein hacken.

+ In einem kleinen Topf 450 ml Brühe aufkochen. Haferflocken und Haferkleie-Flocken hinzufügen, alles mit geschlossenem Deckel bei schwacher Hitze etwa 8 Minuten quellen lassen.

+ Inzwischen das Öl in einer Pfanne erhitzen und Paprika, Möhren und Zwiebel darin bei mittlerer Hitze 2 bis 3 Minuten andünsten. Erbsen und übrige Brühe (50 ml) hinzufügen, alles mit Pfeffer würzen und mit geschlossenem Deckel noch etwa 3 Minuten dünsten. Vom Herd nehmen und warm halten.

+ Zum Servieren den Porridge vom Herd nehmen. Jeweils 1 EL Petersilie und Nüsse abnehmen, den Rest unter den Porridge rühren. Den Porridge auf Schalen verteilen, das Gemüse daraufgeben und alles mit dem Kefir beträufeln. Mit Petersilie und den beiseitegelegten Nüssen bestreuen.

DIE ERNÄHRUNGS-DOCS
Es muss nicht immer süß sein! Ein warmer Porridge lässt sich auch prima mit herzhaften Zutaten würzen und mit Gemüse toppen. Die Hauptsache dabei ist eine ordentliche Portion Haferflocken – sie versorgen uns mit dem wertvollen Ballaststoff Beta-Glucan (siehe Seite 36), der unsere Blutzucker- und Cholesterinspiegel in Schach halten kann.

Fix gemixt: Eiweiß-Shakes

Ob Hüttenkäse, Tofu oder Quark – diese Drinks liefern Protein-Power satt. Weil sie zusätzlich mit reichlich Nährstoffen, gesunden Fetten und sättigenden Flocken oder Kleie punkten, können sie auch mal eine Mahlzeit ersetzen.

Heidelbeer-Buttermilch-Shake

Für 2 Gläser (à ca. 400 ml): **100 g tiefgekühlte Wild-Heidelbeeren** etwa 10 Minuten antauen lassen. Inzwischen **10 g Ingwer** schälen und fein reiben, mit **2 EL gemahlenen Mandeln, 3 EL zarten Haferflocken, 125 g Magerquark** und **1 TL flüssigem Honig** in den Standmixer geben. Zuletzt **½ l reine Buttermilch** (max. 1 % Fett) dazugießen und alles feincremig pürieren. Zum Servieren auf Gläser verteilen.

Pro Glas: ca. 300 kcal,
21 g EW, 9 g F, 28 g KH, 5 g BST

Papaya-Kokos-Shake mit Seidentofu

Für 2 Gläser (à ca. ½ l): **200 g Papaya** halbieren, entkernen, schälen und das Fruchtfleisch in Würfel schneiden. **1 Clementine** schälen und in Spalten teilen. Beides mit **250 g Seidentofu, 4 EL gepufftem Amarant, 1 EL Kokosraspeln** und **1 TL Chiasamen** in den Standmixer geben. **½ l ungesüßten Sojadrink** dazugießen und alles feincremig pürieren. Den Shake zum Servieren auf Gläser verteilen.

Pro Glas: ca. 300 kcal,
20 g EW, 9 g F, 26 g KH, 9 g BST

Rote-Bete-Skyr-Shake

Für 2 Gläser (à ca. 400 ml): **1 Rote Bete (ca. 150 g)** putzen, schälen und in grobe Würfel schneiden. Achtung, die Rote Bete färbt stark ab! (Wer keinen Standmixer hat, nimmt am besten stattdessen 150 ml Rote-Bete-Saft.) **100 g Himbeeren** verlesen, waschen und trocken tupfen. Rote-Bete-Würfel und Himbeeren mit **300 g Skyr** (max. 0,2 % Fett) sowie **2 EL zarten Haferflocken, 1 EL geschrotetem Leinsamen, 20 g Cashewkernen** und **1 Prise Zimtpulver** in den Standmixer geben. Mit **je 150 ml ungesüßtem Cashewdrink und kaltem Wasser** aufgießen und alles feincremig pürieren. Auf Gläser verteilen.

Pro Glas: ca. 280 kcal,
23 g EW, 9 g F, 24 g KH, 6 g BST

Pikanter Gurken-Shake

Für 2 Gläser (à ca. ½ l): **200 g Salatgurke** putzen, waschen und grob würfeln. **50 g jungen Spinat** verlesen, waschen und trocken schleudern, dabei grobe Stiele entfernen. **1 Dattel (z. B. Medjoul)** entkernen und klein schneiden. Alle Zutaten mit **200 g körnigem Frischkäse** (Hüttenkäse; Halbfettstufe), **2 EL Haferkleie, 2 TL Zitronensaft** sowie **1 EL geschälten Hanfsamen** in den Standmixer geben. Zuletzt **400 ml Kefir** (1,5 % Fett) dazugießen und alles feincremig pürieren. Mit **Salz** und **Cayennepfeffer** würzen. Zum Servieren auf Gläser verteilen.

Pro Glas: ca. 310 kcal,
22 g EW, 12 g F, 22 g KH, 3 g BST

Mandelomelett mit Beerenquark

Für 2 Personen
Zubereitung: 35 Minuten

1 EL Mandeln
250 g Magerquark
2 EL Mineralwasser
(mit Kohlensäure)
2 TL Ahornsirup
150 g gemischte Beeren
(z. B. Heidel-, Him-, Rote Johannisbeeren)
2 Eier (Größe M)
Salz
¼ TL gemahlene Vanille
40 g Mandelmehl (teilentölt)
80 ml Milch (1,5 % Fett)
2 TL Butter
einige Minzeblätter

Pro Portion: ca. 440 kcal,
30 g EW, 27 g F, 17 g KH, 4 g BST

+ Die Mandeln grob hacken und in einer kleinen Pfanne ohne Fett hell anrösten. Vom Herd nehmen und abkühlen lassen. Den Quark mit Mineralwasser und Ahornsirup glatt rühren. Die Beeren verlesen, waschen und trocken tupfen, die Johannisbeeren von den Rispen zupfen.

+ Für die Omeletts die Eier trennen, die Eiweiße mit 1 Prise Salz steif schlagen. Die Eigelbe mit Vanille, Mandelmehl und Milch verrühren, anschließend den Eischnee mit einem Teigschaber locker unterheben.

+ In einer kleinen Pfanne (etwa 20 Durchmesser) 1 TL Butter zerlassen. Die Hälfte der Eiermasse darin gleichmäßig verteilen und bei mittlerer bis starker Hitze 3 bis 4 Minuten stocken lassen. Anschließend das Omelett wenden und etwa 2 Minuten weiterbraten. Herausnehmen und zwischen zwei Tellern warm halten. Aus dem übrigen Teig mit der restlichen Butter (1 TL) ein zweites Omelett backen.

+ Zum Servieren die Minzeblätter waschen und trocken tupfen. Die Omeletts auf Teller setzen und den angerührten Quark und die Beeren darauf verteilen. Mit den gerösteten Mandeln und der Minze garnieren.

DIE ERNÄHRUNGS-DOCS

Mandelesser leiden seltener an Übergewicht – das belegen mehrere Studien. Der Hintergrund: Die braunen Kerne strotzen nur so vor Pflanzenprotein, Ballaststoffen und hochwertigen Fettsäuren. Egal ob als ganze Kerne oder als Mehl vermahlen: Wer täglich etwa 25 Gramm (1 Handvoll) Mandeln isst, verbessert seine Blutfett- und Cholesterinwerte und unterstützt das Herz-Kreislauf-System.

Italienisches Rührei mit Ricotta

Für 2 Personen
Zubereitung: 25 Minuten

4 kleine Strauchtomaten
1 Mini-Salatgurke
Salz, Pfeffer aus der Mühle
2 TL Aceto balsamico
2 EL Olivenöl
2 Stiele Basilikum
2 getr. Tomaten (in Öl)
25 g schwarze Oliven (ohne Stein)
2 Frühlingszwiebeln
4 Eier (Größe M)
50 g Ricotta (45 % Fett i. Tr.)

Pro Portion: ca. 360 kcal, 18 g EW, 26 g F, 11 g KH, 3 g BST

+ Die Tomaten waschen und in dünne Scheiben schneiden, dabei die Stielansätze entfernen. Die Gurke putzen, waschen und in dünne Scheiben schneiden. Beides abwechselnd leicht überlappend auf einem (!) großen Teller auslegen. Mit Salz und Pfeffer würzen und mit Essig und 1 EL Öl beträufeln. Das Basilikum waschen, trocken tupfen, die Blätter abzupfen und auf dem Tomaten-Gurken-Salat verteilen.

+ Die getrockneten Tomaten in dünne Streifen, die Oliven in Scheiben schneiden. Die Frühlingszwiebeln putzen, waschen und die weißen und grünen Teile separat schräg in dünne Ringe schneiden. Die Eier in einer Schüssel mit Salz und Pfeffer verquirlen und getrocknete Tomaten, Oliven und weiße Frühlingszwiebelringe untermischen.

+ Das übrige Öl (1 EL) in einer beschichteten Pfanne erhitzen und die Eiermasse darin bei mittlerer Hitze etwa 1 Minute stocken lassen. Dann den Ricotta in Flöckchen daraufsetzen, alles leicht durchrühren und noch 1 bis 2 Minuten stocken lassen.

+ Zum Servieren das Rührei auf Teller verteilen und mit den grünen Frühlingszwiebelringen bestreuen. Den Tomaten-Gurken-Salat dazu servieren. Dazu passt pro Person noch jeweils 1 Scheibe Dinkel-Saaten-Vollkornbrot (à ca. 60 g; siehe Seite 75) oder Vollkornbrot.

DIE ERNÄHRUNGS-DOCS

Ricotta plus Eier, das ergibt Protein hoch zwei! Nach diesem Rührei – egal zu welcher Tageszeit – meldet sich der Hunger garantiert erst nach mehreren Stunden wieder. Dass wir ausreichend lange Esspausen durchhalten und zwischendurch nicht ins Snacken verfallen, zählt zu den wichtigsten Maßnahmen gegen den Jo-Jo-Effekt.

Spiegelei-Pfanne mit Räucherlachs

Für 2 Personen
Zubereitung: 25 Minuten

1 dünne Stange Lauch
250 g junger Spinat
1 EL Olivenöl
Salz, Pfeffer aus der Mühle
frisch geriebene Muskatnuss
4 Eier (Größe M)
¼ TL Pul Biber
(ersatzweise Chiliflocken)
2 TL ungeschälter Sesamsamen
80 g geräucherter Lachs
(in dünnen Scheiben)

Pro Portion: ca. 350 kcal,
28 g EW, 23 g F, 5 g KH, 4 g BST

+ Den Lauch putzen, waschen und in dünne Ringe schneiden. Den Spinat verlesen, waschen und gut abtropfen lassen, dabei grobe Stiele entfernen.

+ Das Öl in einer beschichteten Pfanne erhitzen und die Lauchringe darin bei mittlerer Hitze 2 bis 3 Minuten andünsten. Den Spinat dazugeben und etwa 2 Minuten zusammenfallen lassen. Alles mit Salz, Pfeffer und Muskatnuss würzen.

+ Die Eier einzeln aufschlagen und nebeneinander auf das heiße Spinatgemüse setzen. Mit geschlossenem Deckel bei mittlerer Hitze etwa 5 Minuten stocken lassen. Dann die Eier leicht salzen und mit Pul Biber und Sesam bestreuen.

+ Zum Servieren auf Tellern anrichten und mit dem grob zerpflückten Räucherlachs toppen. Dazu passt pro Person noch jeweils 1 Scheibe Dinkel-Saaten-Vollkornbrot (à ca. 60 g; siehe Seite 75) oder Vollkornbrot.

Hüttenkäse-Teller mit Krabben

+ Die Frühlingszwiebel putzen, waschen und in dünne Ringe schneiden. Den Apfel waschen, halbieren und entkernen. Die Apfelviertel klein würfeln und sofort mit dem Zitronensaft beträufeln, damit sie sich nicht bräunlich verfärben. Die Krabben in einem Sieb kurz abbrausen und abtropfen lassen.

+ Den Hüttenkäse mit Frühlingszwiebel, Apfelwürfeln und Krabben mischen, mit Salz und Pfeffer abschmecken. Den Dill waschen, trocken tupfen und die Spitzen abzupfen, einige Spitzen zum Garnieren beiseitelegen, den Rest fein hacken und unter den Hüttenkäse-Mix heben.

+ Gurken putzen, waschen und schräg in etwa 3 mm dünne Scheiben schneiden. Zum Servieren leicht überlappend auf Tellern verteilen und die Hüttenkäsemischung darauf anrichten. Mit Dill garnieren und etwas Pfeffer grob darübermahlen. Das Brot dazu reichen.

Für 2 Personen
Zubereitung: 15 Minuten

1 Frühlingszwiebel
½ säuerlicher Apfel (z. B. Elstar)
2 TL Zitronensaft
100 g Nordseekrabben (vorgegart und geschält; aus dem Kühlregal)
300 g körniger Frischkäse (Hüttenkäse; Halbfettstufe)
Salz, Pfeffer aus der Mühle
4 Stiele Dill
300 g Mini-Salatgurken
2 Scheiben Dinkel-Saaten-Vollkornbrot (à ca. 60 g; siehe Seite 75), ersatzweise Vollkornbrot

Pro Portion: ca. 430 kcal, 35 g EW, 14 g F, 35 g KH, 7 g BST

Glutenfreies Hafer-Walnuss-Brot

Für 1 Laib (16 Scheiben)
Zubereitung: 25 Minuten
Ruhen: 12 Stunden (über Nacht)
Backen: 40 Minuten

100 g Walnusskerne
160 g zarte glutenfreie Haferflocken
40 g Flohsamenschalen
100 g Sonnenblumenkerne
100 g geschroteter Leinsamen
1 TL Salz
glutenfreies Mehl zum Arbeiten

Pro Scheibe (ca. 50 g): ca. 150 kcal, 6 g EW, 9 g F, 10 g KH, 5 g BST

+ Am Vorabend die Walnüsse grob hacken und in einer kleinen Pfanne ohne Fett hell anrösten, bis sie duften. Vom Herd nehmen und abkühlen lassen.

+ Von den Haferflocken 1 EL abnehmen und zum Garnieren beiseitestellen. Die restlichen Haferflocken im Blitzhacker portionsweise zu Mehl zermahlen. Mit Flohsamenschalen, Sonnenblumenkernen, Leinsamenschrot, gerösteten Walnüssen und Salz in einer Rührschüssel gut mischen. 450 ml lauwarmes Wasser dazugießen und die Zutaten mit einem Schneebesen gründlich verrühren. Den Teig abgedeckt im Kühlschrank etwa 12 Stunden, am besten über Nacht, ruhen lassen.

+ Am nächsten Tag den Backofen auf 180 °C vorheizen. Ein Backblech mit Backpapier belegen. Den Teig auf der leicht bemehlten Arbeitsfläche mit den Händen zu einem länglichen Laib formen und auf das Blech setzen. Die Oberfläche mehrmals über Kreuz einritzen, die beiseitegestellten Haferflocken daraufstreuen und leicht andrücken.

+ Das Brot im Ofen auf der mittleren Schiene 35 bis 40 Minuten backen. Herausnehmen und auf einem Kuchengitter vollständig abkühlen lassen, dann in Scheiben schneiden. Das Brot hält sich gekühlt etwa 1 Woche und lässt sich gut einfrieren.

DIE ERNÄHRUNGS-DOCS
Was schmeckt besser als eine Scheibe frisch gebackenes Brot? Allerdings kommt es auf die Sorte an, ob ein Brot ein Dickmacher ist oder uns mit gesunden Nährstoffen versorgt. Je mehr Vollkorn, Nüsse und Samen es enthält, umso empfehlenswerter ist es. Denn dann liefert ein Brot komplexe Kohlenhydrate, Ballaststoffe, Eiweiß und Fett im idealen Verhältnis. Das sättigt uns lange – Scheibe für Scheibe.

Dinkel-Saaten-Vollkornbrot

Für 1 Kastenform (ca. 25 cm Länge; 20 Scheiben)
Zubereitung: 25 Minuten
Quellen: 1 Stunde
Gehen: 1 Stunde 45 Minuten
Backen: 45 Minuten

100 g Sonnenblumenkerne
50 g geschroteter Leinsamen
40 g Chiasamen
30 g geschälte Hanfsamen
500 g Dinkelvollkornmehl
60 g zarte Haferflocken
1 TL Salz
½ Würfel Hefe (21 g)
1 TL Ahornsirup
2 EL Rapsöl
Öl für die Form
Mehl zum Arbeiten

Pro Scheibe (ca. 60 g): ca. 170 kcal, 6 g EW, 6 g F, 20 g KH, 4 g BST

+ Sonnenblumenkerne, Leinsamen, Chia- und Hanfsamen in einer Schüssel mischen. Mit 200 ml lauwarmem Wasser übergießen und etwa 1 Stunde quellen lassen.

+ Dabei nach etwa 40 Minuten Dinkelmehl, Haferflocken und Salz in einer großen Rührschüssel mit einem Schneebesen mischen. In die Mitte eine Mulde drücken, die Hefe hineinbröckeln und mit Ahornsirup, 50 ml lauwarmem Wasser und 2 EL Mehl-Flocken-Mix vom Rand verrühren. Den Vorteig zugedeckt an einem warmen Ort etwa 15 Minuten gehen lassen.

+ Anschließend den eingeweichten Kerne-Samen-Mix und das Rapsöl in die Schüssel mit dem Vorteig geben. Dann weitere 200 ml lauwarmes Wasser dazugießen und alles mit den Knethaken des Handrührgeräts oder der Küchenmaschine glatt verkneten. Den Teig abgedeckt an einem warmen Ort etwa 1 Stunde gehen lassen.

+ Die Form mit Öl einfetten. Den Teig auf der leicht bemehlten Arbeitsfläche mit den Händen kurz durchkneten, zu einem länglichen Laib formen und in die Form legen. Abgedeckt weitere 30 Minuten gehen lassen. Dabei den Backofen rechtzeitig auf 200 °C vorheizen.

+ Dann den Teig mehrmals schräg einritzen und das Brot im Ofen auf der mittleren Schiene etwa 45 Minuten goldbraun backen. Anschließend aus dem Ofen nehmen, aus der Form lösen und auf einem Kuchengitter vollständig abkühlen lassen. Zum Servieren in Scheiben schneiden. Das Brot hält sich 3 bis 4 Tage, im Kühlschrank 1 Woche und lässt sich gut einfrieren.

Vollkorn-Buchweizen-Brötchen mit Skyr

Für 12 Stück
Zubereitung: 30 Minuten
Gehen: 1 Stunde
Backen: 25 Minuten

400 g Dinkelvollkornmehl
100 g Buchweizenvollkornmehl
125 ml reine Buttermilch
(max. 1 % Fett)
½ Würfel Hefe (ca. 21 g)
1 TL flüssiger Honig
300 g Skyr (max. 0,5 % Fett)
1 Ei (Größe M)
2 EL Rapsöl
1 TL Salz
Mehl zum Arbeiten

Pro Stück (ca. 70 g): ca. 200 kcal, 9 g EW, 4 g F, 30 g KH, 3 g BST

+ In einer Schüssel das Dinkel- und Buchweizenmehl mischen und in die Mitte eine Mulde drücken. Die Buttermilch lauwarm erhitzen, die Hefe hineinbröckeln und mit dem Honig glatt verrühren. Die warme Buttermilchmischung in die Mulde gießen und mit etwas Mehl-Mix vom Rand verrühren. Den Vorteig abgedeckt an einem warmen Ort etwa 15 Minuten gehen lassen.

+ Danach Skyr, Ei, Öl und Salz dazugeben und alles mit den Knethaken des Handrührgeräts oder der Küchenmaschine etwa 5 Minuten glatt verkneten. Falls nötig, noch etwas Buttermilch oder Mehl dazugeben. Den Teig zu einer Kugel formen und abgedeckt an einem warmen Ort etwa 30 Minuten gehen lassen. Ein Backblech mit Backpapier belegen.

+ Den Teig auf der leicht bemehlten Arbeitsfläche mit den Händen zu einer dicken Rolle formen und in zwölf gleich große Stücke teilen. Jedes Teigstück mit bemehlten Händen rund formen und nebeneinander mit etwas Abstand auf das Blech setzen. Abgedeckt nochmals etwa 15 Minuten gehen lassen. Inzwischen den Backofen auf 200 °C vorheizen.

+ Die Teiglinge mit Wasser bestreichen oder besprühen und im Ofen auf der mittleren Schiene etwa 25 Minuten goldbraun backen. Die Brötchen herausnehmen und auf einem Kuchengitter vollständig abkühlen lassen. Die Brötchen schmecken mit einem fruchtigen oder herzhaften Belag. Sie halten sich etwa 3 Tage und lassen sich auch sehr gut einfrieren.

HAUPT-GERICHTE

Eine herzhafte Hauptmahlzeit am Tag darf es schon sein, auch wenn man abnehmen will. Egal ob Buchweizen-Bowl, Linsenbratlinge mit Kohl oder Gemüse-Lachs-Curry: Diese Gerichte halten für viele Stunden satt. Falls Sie doch einen Snack brauchen, greifen Sie am besten zu Rohkost-Sticks – wir verraten Ihnen drei leckere Dips dazu ...

Nudelsalat mit Brokkoli und Nüssen

Für 2 Personen
Zubereitung: 30 Minuten

250 g Brokkoli
2 EL Olivenöl
Salz, Pfeffer aus der Mühle
¼ TL Chiliflocken
120 g kurze Dinkelvollkornnudeln (z. B. Spiralen)
25 g Walnusskerne
2 Frühlingszwiebeln
100 g Cocktailtomaten
150 ml reine Buttermilch (max. 1 % Fett)
1 EL Zitronensaft
½ TL abgeriebene Bio-Zitronenschale
4 Stiele Petersilie
3 Stiele Basilikum

Pro Portion: ca. 470 kcal, 17 g EW, 21 g F, 47 g KH, 12 g BST

+ Den Brokkoli putzen, waschen und in Röschen teilen, die Stiele schälen und in kleine Würfel schneiden. Beides in einer Pfanne in 1 EL Öl bei mittlerer bis starker Hitze 6 bis 8 Minuten unter Rühren leicht braun braten. Mit Salz, Pfeffer und Chiliflocken würzen. Vom Herd nehmen und abkühlen lassen.

+ Inzwischen die Nudeln in reichlich kochendem Salzwasser nach Packungsanweisung bissfest garen. In ein Sieb abgießen, kalt abschrecken und gut abtropfen lassen. Die Walnüsse grob hacken und in einer kleinen Pfanne ohne Fett hell anrösten. Vom Herd nehmen und abkühlen lassen. Die Frühlingszwiebeln putzen, waschen und in dünne Ringe schneiden. Die Tomaten waschen und halbieren.

+ Für das Dressing in einer Salatschüssel Buttermilch, Zitronensaft und -schale, Salz, Pfeffer und das restliche Öl (1 EL) verrühren. Die Kräuter waschen, trocken tupfen und die Blätter abzupfen. Die Petersilie fein hacken, das Basilikum in feine Streifen schneiden, beides unter das Dressing rühren.

+ Zum Servieren Brokkoli, Nudeln, Frühlingszwiebeln und Tomaten zum Dressing geben und alles gut mischen. Den Salat mit Salz und Pfeffer abschmecken, auf Tellern anrichten und mit den gerösteten Nüssen bestreuen.

DIE ERNÄHRUNGS-DOCS

Buttermilch entsteht – wie der Name sagt – beim Buttern, ihr säuerliches Aroma erhält sie von Milchsäurebakterien, mit denen sie versetzt wird. Achten Sie auf „reine Buttermilch", die weder mit Wasser noch mit Magermilch verdünnt sein darf. Übrigens: Wer die Nudeln für den Salat schon am Vorabend kocht und über Nacht abkühlen lässt, profitiert von der sich dabei bildenden resistenten Stärke (siehe Seite 19).

Marokkanische Gemüsesuppe

Für 2 Personen
Zubereitung: 45 Minuten

1 rote Zwiebel
1 Knoblauchzehe
1 rote Peperoni (Pfefferschote)
2 Stangen Staudensellerie
250 g festkochende Kartoffeln
200 g Mangold
2 EL Olivenöl
2 TL Tomatenmark
1 TL gemahlener Koriander
½ TL gemahlene Kurkuma
1 Msp. Zimtpulver
1 Dose stückige Tomaten (400 g)
300 ml Gemüsebrühe
Salz, Pfeffer aus der Mühle
1 Dose Kichererbsen
(240 g Abtropfgewicht)
1 TL abgeriebene Bio-Zitronenschale

Pro Portion: ca. 330 kcal,
10 g EW, 14 g F, 34 g KH, 11 g BST

+ Zwiebel und Knoblauch schälen und fein würfeln. Peperoni längs halbieren, putzen, waschen und klein würfeln. Den Sellerie putzen, waschen und klein würfeln. Die Kartoffeln schälen, waschen und in etwa 2 cm große Würfel schneiden. Den Mangold putzen und waschen, die Stiele in dünne, die Blätter in etwa 2 cm breite Streifen schneiden.

+ Zwiebel, Knoblauch, Peperoni und Sellerie in einem großen Topf im Öl bei mittlerer Hitze 2 bis 3 Minuten andünsten. Tomatenmark dazugeben und kurz mitdünsten. Alles mit Koriander, Kurkuma und Zimt bestäuben und anrösten. Die Tomaten und die Brühe hinzufügen und die Suppe langsam aufkochen.

+ Sobald die Suppe kocht, die Kartoffeln und Mangoldstiele dazugeben und das Gemüse salzen und pfeffern. Alles mit geschlossenem Deckel bei mittlerer Hitze etwa 20 Minuten garen. Währenddessen die Kichererbsen in einem Sieb abbrausen und abtropfen lassen, in den letzten 5 Minuten zur Suppe geben.

+ Zum Servieren die Mangoldblätter untermischen und die Suppe mit Salz, Pfeffer und Zitronenschale abschmecken. Auf Schalen oder tiefe Teller verteilen. Dazu passen nach Belieben pro Person noch 2 Scheiben Vollkornbaguette.

DIE ERNÄHRUNGS-DOCS

Gemüse und Hülsenfrüchte sind die besten Snack-Bremsen schlechthin! Denn sie liefern eine ordentliche Portion komplexe Kohlenhydrate, die nur langsam verstoffwechselt werden und den Blutzuckerspiegel auf diese Weise kontinuierlich, aber auf niedrigem Level versorgen. Außerdem punkten Kichererbsen und Co. mit wertvollem Pflanzeneiweiß, das uns lange satt hält.

Bunte Minestrone mit Weißkohl

Für 2 Personen
Zubereitung: 40 Minuten

1 Zwiebel
400 g Weißkohl
125 g Staudensellerie
2 kleine Möhren
je 1 kleine gelbe und rote Paprikaschote
2 EL Olivenöl
Salz, Pfeffer aus der Mühle
1 Dose stückige Tomaten (400 g)
½ l Gemüsebrühe
1 TL getr. italienische Kräuter
1 Dose weiße Bohnen
(240 g Abtropfgewicht)
½ Bund Petersilie
30 g Parmesanspäne

Pro Portion: ca. 480 kcal,
23 g EW, 20 g F, 41 g KH, 17 g BST

+ Die Zwiebel schälen und fein würfeln. Vom Kohl die äußeren Blätter entfernen, den Kohl halbieren und in etwa 3 bis 4 cm große Rauten schneiden, dabei den harten Strunk entfernen. Den Sellerie putzen und waschen, die Möhren putzen und schälen, beides in dünne Scheiben schneiden. Die Paprikaschoten längs halbieren, putzen, waschen und in etwa 1 ½ cm große Würfel schneiden.

+ Die Zwiebelwürfel in einem Topf im Öl bei mittlerer Hitze 2 bis 3 Minuten andünsten. Kohl, Sellerie, Möhren und Paprika hinzufügen und etwa 3 Minuten mitdünsten, salzen und pfeffern. Dann Tomaten, Brühe und Kräuter dazugeben, die Minestrone einmal aufkochen und mit geschlossenem Deckel bei schwacher bis mittlerer Hitze etwa 20 Minuten köcheln lassen.

+ Inzwischen die Bohnen in einem Sieb abbrausen und abtropfen lassen. Die Petersilie waschen, trocken tupfen, die Blätter abzupfen und fein hacken. Zum Servieren Bohnen und zwei Drittel der Petersilie zur Minestrone geben, mit Salz und Pfeffer abschmecken. Die Suppe auf Schalen oder tiefe Teller verteilen und mit Parmesanspänen und übriger Petersilie bestreuen.

Linseneintopf mit Putenwiener

+ Die Zwiebel schälen und fein würfeln. Die Linsen in einem Sieb abbrausen, dann in einem Topf in ½ l Wasser aufkochen und mit geschlossenem Deckel bei schwacher Hitze etwa 20 Minuten garen. In ein Sieb abgießen und abtropfen lassen. Inzwischen die Kartoffeln schälen und waschen, Möhre und Kohlrabi putzen und schälen, alles in etwa 1 cm große Würfel schneiden. Den Blumenkohl putzen, waschen und in Röschen teilen. Die Erbsen antauen lassen.

+ Die Zwiebelwürfel in einem Topf im Öl bei mittlerer Hitze etwa 2 Minuten andünsten. Linsen, Kartoffeln und Gemüse dazugeben und mit der Brühe auffüllen. Alles einmal aufkochen, dann mit geschlossenem Deckel bei schwacher Hitze etwa 15 Minuten köcheln lassen. Inzwischen die Würste in etwa 1 cm breite Stücke schneiden, nach etwa 15 Minuten Garzeit in den Eintopf geben und darin mit geschlossenem Deckel etwa 5 Minuten ziehen lassen.

+ Zum Servieren den Schnittlauch waschen, trocken tupfen und in feine Röllchen schneiden. Den Eintopf mit Salz, Pfeffer und Essig abschmecken, auf Schalen oder tiefe Teller verteilen und mit dem Schnittlauch bestreuen.

Für 2 Personen
Zubereitung: 50 Minuten

1 kleine Zwiebel
125 g Berglinsen
200 g festkochende Kartoffeln
1 große Möhre (ca. 100 g)
½ junger Kohlrabi (ca. 150 g)
200 g Blumenkohl (ohne grüne Blätter)
50 g tiefgekühlte Erbsen
1 EL Olivenöl
600 ml Gemüsebrühe
2 Puten-Wiener-Würstchen (ca. 100 g)
½ Bund Schnittlauch
Pfeffer aus der Mühle
1 EL Aceto balsamico

Pro Portion: ca. 520 kcal, 32 g EW, 14 g F, 54 g KH, 19 g BST

Dinkel-Gemüse-Salat mit grüner Sauce

Für 2 Personen
Zubereitung: 40 Minuten

100 g Dinkel wie Reis
(ersatzweise 20-Minuten-Naturreis)
Salz
1 junger Kohlrabi (ca. 300 g)
200 g Bimi
(ersatzweise Brokkoliröschen)
100 g tiefgekühlte Edamame
60 g Radieschen
2 EL Weißweinessig
Pfeffer aus der Mühle
2 EL kalt gepresstes Rapsöl
1 EL kalt gepresstes Leinöl
50 g gemischte Kräuter
(z. B. Dill, Kerbel, Petersilie, Schnittlauch)
125 g Ziegenjoghurt (mind. 4 % Fett)
1–2 TL Zitronensaft

Pro Portion: ca. 490 kcal,
22 g EW, 22 g F, 46 g KH, 12 g BST

+ Den Dinkel wie Reis in reichlich kochendem Salzwasser nach Packungsanweisung etwa 20 Minuten weich garen. Dann in ein Sieb abgießen, gut abtropfen und abkühlen lassen.

+ Währenddessen den Kohlrabi putzen, schälen und etwa 1 cm groß würfeln, dabei die zarten Blätter beiseitelegen. Bimi putzen, waschen und in kleine Stücke schneiden. Kohlrabi, Bimi und Edamame in einem Topf in kochendem Salzwasser 3 bis 4 Minuten bissfest garen. In ein Sieb abgießen, kalt abschrecken und gut abtropfen lassen. Radieschen putzen, waschen und in dünne Scheiben schneiden.

+ Für die Vinaigrette in einer Salatschüssel den Essig mit 2 EL Wasser, Salz, Pfeffer, Raps- und Leinöl verrühren. Dinkel und Gemüse unter die Vinaigrette mischen und den Salat etwa 10 Minuten ziehen lassen.

+ Währenddessen für die Sauce die Kräuter waschen, trocken tupfen, Spitzen bzw. Blätter abzupfen, den Schnittlauch in Röllchen schneiden. Kräuter mit Joghurt und Zitronensaft in einem hohen Rührbecher mit dem Stabmixer fein pürieren, salzen.

+ Zum Servieren den Dinkel-Gemüse-Salat auf Tellern anrichten und mit etwas grüner Sauce beträufeln. Die restliche grüne Sauce separat dazu reichen.

DIE ERNÄHRUNGS-DOCS

Um dem Jo-Jo-Effekt entgegenzuwirken, bedarf es zugegebenermaßen einiger Tricks in der Küche. Ein relativ einfacher besteht darin, weißen Reis gegen (Pseudo-)Getreide wie Dinkel, Quinoa, Amarant oder Buchweizen auszutauschen. Damit sammelt man reichlich Punkte auf dem Ballaststoff-Konto und bremst dank der langsamen „Carbs“ Heißhungerattacken schon im Ansatz aus.

Buchweizen-Bowl mit Chilihummus

Für 2 Personen
Zubereitung: 45 Minuten

200 ml vegane Gemüsebrühe
80 g Buchweizen
40 g Feldsalat
1 rote Spitzpaprikaschote
100 g Rotkohl
Salz
½ Avocado
150 g Kichererbsen
(aus der Dose)
1 EL Tahin (Sesampaste)
4 EL Limettensaft
4 EL Olivenöl
¼–½ TL Chiliflocken
¼ TL gemahlener Kreuzkümmel
Pfeffer aus der Mühle
2 TL ungeschälte Sesamsamen

Pro Portion: ca. 580 kcal,
14 g EW, 32 g F, 52 g KH, 10 g BST

+ Die Brühe in einem Topf erhitzen. Den Buchweizen in einem Sieb abbrausen, in der Brühe einmal aufkochen, dann mit geschlossenem Deckel bei schwacher Hitze 15 bis 20 Minuten so lange garen, bis die Kochflüssigkeit vollständig verdampft ist. Den Buchweizen vom Herd nehmen und offen abkühlen lassen.

+ Inzwischen den Feldsalat verlesen, waschen und trocken schleudern. Die Paprika längs halbieren, putzen, waschen und quer in dünne Streifen schneiden. Den Rotkohl putzen, waschen und auf der Gemüsereibe in feine Streifen hobeln, etwas salzen und mit den Händen 1 bis 2 Minuten durchkneten. Die Avocado eventuell entkernen, das Fruchtfleisch aus der Schale lösen und in dünne Scheiben schneiden.

+ Für den Hummus die Kichererbsen in einem Sieb abbrausen und gut abtropfen lassen. Die Hälfte der Kichererbsen mit Tahin, 1 EL Limettensaft, 2 bis 3 EL Wasser, 2 EL Olivenöl, Salz, Chiliflocken und Kreuzkümmel in einem hohen Rührbecher mit dem Stabmixer feincremig pürieren. Für das Dressing übrigen Limettensaft (3 EL), Salz, Pfeffer und restliches Öl (2 EL) verquirlen.

+ Zum Servieren Buchweizen und Feldsalat auf Schalen (Bowls) verteilen. Paprikastreifen, Rotkohl, Avocado und die restlichen Kichererbsen rundum darauf anrichten und alles mit Dressing beträufeln. Etwas Chilihummus in die Mitte setzen und mit Sesam bestreuen, den übrigen Hummus separat dazu reichen.

DIE ERNÄHRUNGS-DOCS

Wo immer möglich, sollten Sie ein paar Hülsenfrüchte unter Ihre Mahlzeiten mischen. Ob gegart und im Ganzen oder zu pikanten Cremes püriert – Kichererbsen, Bohnen und Linsen sind stets die erste Wahl im Kampf gegen Übergewicht. Denn sie liefern große Mengen an sättigendem Pflanzeneiweiß!

Gemüse-Sticks mit dreierlei Dips

Wenn snacken, dann bitte gesund! Bunte Gemüsestreifen mit würzigen Dips sind schnell gemacht und die beste Nervennahrung für figurbewusste Genießer. Vor allem schmecken sie so gut, dass sie Schokoriegel oder Chips schnell vergessen lassen. Probieren Sie es aus!

Basisanleitung: Gemüse-Sticks

Für 2 Personen: **500 g gemischtes Gemüse nach Wahl** (z. B. Kohlrabi, Möhren, Paprikaschoten, Rettich, Mini-Salatgurken oder Staudensellerie) je nach Sorte putzen und waschen bzw. schälen. Das Gemüse in gleich große, etwa 10 cm lange und 1 cm breite Streifen schneiden. Auf Tellern oder in Gläsern anrichten. Nach Rezept einen Dip zubereiten und zu den Gemüse-Sticks servieren.

Pro Portion: ca. 50 kcal, 2 g EW, 0 g F, 6 g KH, 4 g BST

Kichererbsen-Paprika-Dip

Für 2 Personen: **1 Mini-Dose Kichererbsen** (65 g Abtropfgewicht) in einem Sieb abbrausen und abtropfen lassen. **100 g gegrillte rote Paprikaschoten** (aus dem Glas) abtropfen lassen und grob schneiden, mit Kichererbsen, **1 TL Tomatenmark** und **1 EL Olivenöl** in einem hohen Rührbecher mit dem Stabmixer fein pürieren. Den Dip mit **1 EL Apfelessig**, **¼ TL gemahlenem Kreuzkümmel**, **Salz** und **Pfeffer** abschmecken.

Pro Portion: ca. 70 kcal,
1 g EW, 5 g F, 3 g KH, 2 g BST

Petersilien-Mandel-Dip

Für 2 Personen: **250 g Magerquark** mit **1 EL Zitronensaft** und **1 EL dunklem Mandelmus** glatt rühren, mit **Salz** und **Pfeffer** würzen. **½ Bund Petersilie** waschen, trocken tupfen, die Blätter abzupfen, fein hacken und bis auf 1 EL unter den Quark-Mix mischen. Den Dip mit Petersilie bestreut servieren.

Pro Portion: ca. 175 kcal,
16 g EW, 8 g F, 7 g KH, 0 g BST

Avocado-Spinat-Dip

Für 2 Personen: **½ Avocado** eventuell entkernen und das Fruchtfleisch aus der Schale lösen. **20 g jungen Spinat** verlesen, waschen und trocken schleudern, dabei grobe Stiele entfernen. Avocado und Spinat mit **1 EL Limettensaft** und **150 g stichfestem Joghurt** (1,5 % Fett) in einem hohen Rührbecher mit dem Stabmixer fein pürieren. Den grünen Dip mit **Salz** und **Cayennepfeffer** abschmecken. Mit **1 TL ungeschälten Sesamsamen** (nach Belieben geröstet) bestreut servieren.

Pro Portion: ca. 120 kcal,
4 g EW, 8 g F, 6 g KH, 2 g BST

Spaghetti mit Linsen-„Bolognese“

Für 2 Personen
Zubereitung: 40 Minuten

2 Möhren (ca. 120 g)
100 g Staudensellerie
1 kleine Zwiebel
1 Knoblauchzehe
2 EL Olivenöl
1 EL Tomatenmark
300 ml vegane Gemüsebrühe
75 g rote Linsen
1 Dose stückige Tomaten (400 g)
Salz, Pfeffer aus der Mühle
½ TL rosenscharfes Paprikapulver
1 TL gemahlener Kreuzkümmel
120 g Dinkelvollkornspaghetti
100 g junger Spinat
½ Bund Koriandergrün

Pro Portion: ca. 550 kcal,
23 g EW, 16 g F, 69 g KH, 15 g BST

+ Möhren und Sellerie putzen bzw. waschen, schälen und in kleine Würfel schneiden. Zwiebel und Knoblauch schälen und fein würfeln. Das Öl in einem großen Topf erhitzen und Möhren, Sellerie, Zwiebel und Knoblauch darin bei mittlerer Hitze 3 bis 4 Minuten unter Rühren andünsten. Das Tomatenmark dazugeben und kurz mitdünsten.

+ Dann die Brühe dazugießen. Die Linsen in einem Sieb abbrausen und mit den Tomaten untermischen. Alles mit Salz, Pfeffer, Paprikapulver und Kreuzkümmel würzen, einmal aufkochen, danach offen bei schwacher Hitze etwa 15 Minuten köcheln lassen, dabei ab und zu umrühren.

+ Inzwischen die Nudeln in reichlich kochendem Salzwasser nach Packungsanweisung bissfest garen. Den Spinat verlesen, waschen und trocken schleudern, dabei grobe Stiele entfernen. Den Koriander waschen, trocken tupfen, die Blätter abzupfen.

+ Zum Servieren den Spinat unter die Linsen-„Bolognese“ heben und alles mit Salz und Pfeffer abschmecken. Die Nudeln in ein Sieb abgießen, kurz abtropfen lassen und auf tiefe Teller verteilen. Die Linsen-„Bolognese“ daraufsetzen und alles mit Koriander bestreuen.

DIE ERNÄHRUNGS-DOCS

„Intelligent tauschen“ gilt hier gleich doppelt: Zum einen werden die hellen Nudeln durch die Vollkornvariante ersetzt. Vor allem aber kommen statt Hackfleisch Linsen in die Bolognese, tierisches Eiweiß wird also durch wertvolles pflanzliches ersetzt. Versuchen Sie im Kampf gegen den Jo-Jo-Effekt weniger Fleisch und Wurst zu essen – die haben nämlich meist ungesunde Fettsäuren im Gepäck, die Übergewicht eher fördern.

Orientalische Gemüsepfanne mit Hafer

Für 2 Personen
Zubereitung: 35 Minuten

1 kleine rote Zwiebel
1 Knoblauchzehe
250 g Blumenkohl
(ohne grüne Blätter)
1 Möhre
je 1 kleine rote und gelbe Paprikaschote
½ Aubergine (ca. 150 g)
2 EL Olivenöl
1 EL Harissa-Paste
300 ml Gemüsebrühe
100 g Hafergrütze
¼ Bund Petersilie
150 g griech. Joghurt (2 % Fett)
2 TL Zitronensaft
½ TL abgeriebene Bio-Zitronenschale
Salz, Pfeffer aus der Mühle

Pro Portion: ca. 430 kcal,
16 g EW, 18 g F, 44 g KH, 13 g BST

+ Zwiebel und Knoblauch schälen und fein würfeln. Blumenkohl putzen, waschen und in Röschen teilen. Möhre putzen, schälen und schräg in dünne Scheiben schneiden. Paprikaschoten längs halbieren, putzen, waschen und klein würfeln. Aubergine putzen, waschen, längs vierteln und klein würfeln.

+ Zwiebel und Knoblauch in einer Pfanne mit hohem Rand im Öl bei mittlerer Hitze 2 bis 3 Minuten andünsten. Blumenkohl, Möhre, Paprika und Aubergine hinzufügen und alles etwa 5 Minuten unter Rühren braten. Dann die Harissa-Paste einrühren und die Brühe dazugießen. Alles einmal aufkochen, dann offen bei mittlerer Hitze etwa 2 Minuten köcheln lassen. Die Hafergrütze dazugeben und in der Gemüsepfanne mit geschlossenem Deckel bei schwacher Hitze etwa 10 Minuten quellen lassen, dabei ab und zu umrühren.

+ Zum Servieren die Petersilie waschen, trocken tupfen, die Blätter abzupfen und fein hacken. Den Joghurt mit Zitronensaft und -schale verrühren. Die Gemüsepfanne mit Salz und Pfeffer abschmecken und mit dem Zitronenjoghurt auf Tellern anrichten. Mit der Petersilie bestreuen.

DIE ERNÄHRUNGS-DOCS

Sammeln Sie Gemüsepunkte! Je mehr unterschiedliche Gemüsesorten in einem Gericht vorkommen, umso besser. Hier sind – inklusive Petersilie – schon mal sieben vertreten, das Ziel wären 25 verschiedene Sorten innerhalb einer Woche. Wenn Sie das schaffen, sind Sie optimal mit sekundären Pflanzenstoffen, langsamen „Carbs“ und Ballaststoffen versorgt. Da verliert das heimtückische Jo-Jo ganz schnell an Schwung!

Halloumi-Grillbrote mit Rucola

Für 2 Personen
Zubereitung: 25 Minuten
Rösten: 10 Minuten

2 große Scheiben Roggensauerteigbrot (à ca. 75 g)
2 EL Olivenöl
30 g Rucola
4 kleine Strauchtomaten
60 g Frischkäse (Halbfettstufe)
2 TL körniger Senf
Salz, Pfeffer aus der Mühle
1 TL gehackter Thymian
2 TL Zitronensaft
100 g Halloumi (Grillkäse)

Pro Portion: ca. 590 kcal, 26 g EW, 28 g F, 52 g KH, 10 g BST

+ Den Backofen auf 160 °C vorheizen. Die Brotscheiben quer halbieren, nebeneinander auf einem Backblech verteilen und mit 1 EL Öl beträufeln. Dann im Ofen auf der mittleren Schiene etwa 10 Minuten rösten. Herausnehmen und abkühlen lassen.

+ Inzwischen den Rucola verlesen, waschen und trocken schleudern, dabei grobe Stiele entfernen. Tomaten waschen und in Scheiben schneiden, dabei die Stielansätze entfernen. Den Frischkäse mit Senf, Salz und Pfeffer cremig rühren. Die Brotscheiben mit Senf-Frischkäse-Mix bestreichen und mit dem Rucola – bis auf ein paar Blätter zum Garnieren – und Tomatenscheiben belegen. Mit Thymian, Salz und Pfeffer würzen und mit Zitronensaft beträufeln.

+ Eine Grillpfanne mit dem übrigen Öl (1 EL) einfetten und erhitzen. Den Halloumi trocken tupfen, in knapp 1 cm dicke Scheiben schneiden und in der Pfanne bei mittlerer bis starker Hitze auf jeder Seite etwa 2 Minuten goldbraun braten. Zum Servieren den Halloumi auf die Brote legen und mit dem übrigen Rucola garnieren.

Gemüsegratin nach griechischer Art

+ Risoni in reichlich kochendem Salzwasser nach Packungsanweisung bissfest garen (Achtung, Nudeln aus Hülsenfrüchten werden schnell weich!). In ein Sieb abgießen, kalt abschrecken und abtropfen lassen. Inzwischen Zwiebel und Knoblauch schälen und fein würfeln. Die Zucchini putzen, waschen und etwa 1 cm groß würfeln. Pilze putzen, falls nötig, trocken abreiben und vierteln. Thymian waschen und trocken tupfen, 2 Zweige zum Garnieren beiseitelegen, von den restlichen Zweigen die Blätter abzupfen und fein hacken.

+ Den Backofen auf 180 °C vorheizen und eine Auflaufform (ca. 20 x 30 cm) mit Öl einfetten. Zwiebel und Knoblauch in einer großen Pfanne in 1 EL Öl bei mittlerer Hitze andünsten. Zucchini und Pilze dazugeben und etwa 3 Minuten mitdünsten, mit Salz, Pfeffer und Thymian würzen, die Nudeln untermischen.

+ Die Nudel-Gemüse-Mischung in der Form verteilen. Eier, Zitronenschale, Oregano, Salz und Pfeffer verquirlen und darauf verteilen. Den Feta zerbröckeln und darüberstreuen. Das Gratin mit dem übrigen Öl (1 EL) beträufeln und im Ofen auf der mittleren Schiene etwa 30 Minuten backen. Herausnehmen und mit den beiseitegelegten Thymianzweigen garniert servieren.

Für 2 Personen
Zubereitung: 20 Minuten
Backen: 30 Minuten

80 g Hülsenfrucht-Risoni (z. B. aus roten Linsen und/oder Kichererbsen)
Salz
1 rote Zwiebel
2 Knoblauchzehen
250 g Zucchini
250 g braune Champignons
6 Zweige Thymian
Öl für die Form
2 EL Olivenöl
Pfeffer aus der Mühle
2 Eier (Größe M)
½ TL abgeriebene Bio-Zitronenschale
½ TL getr. Oregano
100 g Feta (Schafskäse; mind. 20 % Fett i. Tr.)

Pro Portion: ca. 540 kcal,
31 g EW, 31 g F, 30 g KH, 6 g BST

Linsenbratlinge mit Möhrensauerkraut

Für 2 Personen
Zubereitung: 40 Minuten

100 g rote Linsen
Salz
1 Petersilienwurzel (ca. 60 g)
½ Bund Schnittlauch
40 g Bergkäse
(am Stück; mind. 45 % Fett i. Tr.)
2 EL Dinkelvollkornmehl
1 Ei (Größe M)
2 TL scharfes Ajvar (Paprikapaste)
Pfeffer aus der Mühle
1 kleine Zwiebel
250 g Möhren
250 g frisches Sauerkraut
(nicht erhitzt; aus dem Kühlregal)
2 EL Rapsöl
1 TL ganzer Kümmel
200 ml Gemüsebrühe

Pro Portion: ca. 540 kcal,
28 g EW, 23 g F, 46 g KH, 11 g BST

+ Die Linsen in einem Sieb abbrausen und in einem Topf in kochendem Salzwasser einmal aufkochen. Dann mit geschlossenem Deckel bei mittlerer Hitze etwa 10 Minuten weich garen. In ein Sieb abgießen, gut abtropfen und abkühlen lassen.

+ Inzwischen die Petersilienwurzel putzen, schälen und auf der Gemüsereibe grob raspeln. Den Schnittlauch waschen, trocken tupfen und in feine Röllchen schneiden. Den Käse reiben. Die Linsen mit Petersilienwurzel, Käse, Mehl, Ei, Ajvar und der Hälfte des Schnittlauchs mischen. Die Masse salzen und pfeffern und daraus mit angefeuchteten Händen sechs Bratlinge formen.

+ Für das Kraut die Zwiebel schälen, halbieren und in feine Streifen schneiden. Die Möhren putzen, schälen und schräg in dünne Scheiben schneiden. Das Sauerkraut in einem Sieb abtropfen lassen und zerpflücken.

+ In einem großen Topf 1 EL Öl erhitzen, Zwiebel und Möhren darin bei mittlerer Hitze etwa 3 Minuten andünsten. Sauerkraut und Kümmel dazugeben und kurz mitdünsten. Dann die Brühe dazugießen, alles mit geschlossenem Deckel aufkochen und bei mittlerer Hitze 15 bis 20 Minuten garen.

+ Währenddessen das übrige Öl (1 EL) in einer beschichteten Pfanne erhitzen und die Linsenbratlinge darin bei mittlerer Hitze auf jeder Seite etwa 3 Minuten braten.

+ Zum Servieren das Möhrensauerkraut mit Salz und Pfeffer abschmecken und mit den Linsenbratlingen auf Tellern anrichten. Mit dem übrigen Schnittlauch bestreuen.

Kartoffeln mit Krabben und Kräuterquark

Für 2 Personen
Zubereitung: 45 Minuten

2 große vorwiegend festkochende Kartoffeln (à ca. 250 g)
Salz
1 Ei (Größe M)
50 g gemischte Kräuter (z. B. Dill, Petersilie, Schnittlauch)
250 g Magerquark
1 EL kalt gepresstes Leinöl
2 TL geriebener Meerrettich (aus dem Glas)
1–2 TL Weißweinessig
Pfeffer aus der Mühle
4 Radieschen
100 g Nordseekrabben (vorgegart und geschält; aus dem Kühlregal)
½ Beet Gartenkresse

Pro Portion: ca. 450 kcal, 33 g EW, 11 g F, 47 g KH, 5 g BST

+ Die Kartoffeln mit der Gemüsebürste gründlich waschen. Danach in einem Topf mit Salzwasser bedeckt mit geschlossenem Deckel 30 bis 35 Minuten weich garen.

+ Inzwischen das Ei 10 Minuten hart kochen, kalt abschrecken und abkühlen lassen. Die Kräuter waschen, trocken tupfen, die Spitzen bzw. Blätter abzupfen und fein hacken, den Schnittlauch in feine Röllchen schneiden. Den Quark mit Leinöl, Meerrettich und Kräutern verrühren. Mit Essig, Salz und Pfeffer abschmecken. Das Ei pellen, in kleine Würfel schneiden und ebenfalls unter den Quark-Mix mischen.

+ Die Radieschen putzen, waschen und in dünne Scheiben schneiden. Die Krabben in einem Sieb abbrausen und abtropfen lassen. Die Kresse vom Beet abschneiden, waschen und trocken tupfen.

+ Zum Servieren die Kartoffeln abgießen, kurz ausdampfen und abkühlen lassen, dann jeweils auf einen Teller legen und längs einschneiden, aber nicht ganz durchtrennen. Die Kartoffeln vorsichtig aufklappen und mit etwas Kräuterquark füllen. Mit Radieschen und Krabben belegen und mit Kresse bestreuen. Den übrigen Kräuterquark separat dazu reichen.

DIE ERNÄHRUNGS-DOCS

Meerrettich, Radieschen und Kresse gehören botanisch zu einer besonders gesunden Familie: den Kreuzblütlern. Sie punkten alle mit den leicht scharfen Glucosinolaten, die im Körper zu Senfölen umgewandelt werden. Diese sekundären Pflanzenstoffe unterstützen die Verdauung und den Fettstoffwechsel und wirken vermutlich auch gegen einige Krebsarten.

Bunter Quinoasalat mit Lachs

Für 2 Personen
Zubereitung: 30 Minuten

100 g helle Quinoa
Salz
1 gelbe Spitzpaprikaschote
125 g Cocktailtomaten
2 Frühlingszwiebeln
½ Avocado
2 ½ EL Zitronensaft
¼ Bund Petersilie
¼ Bund Schnittlauch
1 Mini-Romanasalat
1 EL Aceto balsamico bianco
Pfeffer aus der Mühle
3 EL Olivenöl
2 Lachsfilets (à ca. 125 g)

Pro Portion: ca. 655 kcal, 34 g EW, 37 g F, 41 g KH, 9 g BST

+ Die Quinoa in einem Sieb abbrausen und in einem Topf in 300 ml leicht gesalzenem Wasser einmal aufkochen, dann mit geschlossenem Deckel bei mittlerer Hitze 15 bis 20 Minuten garen. Danach in ein Sieb abgießen, kalt abschrecken und in einer Schüssel abkühlen lassen.

+ Inzwischen die Spitzpaprikaschote längs halbieren, putzen, waschen und in kleine Würfel schneiden. Tomaten waschen und halbieren. Die Frühlingszwiebeln putzen, waschen und in dünne Ringe schneiden. Die Avocado eventuell entkernen, das Fruchtfleisch aus der Schale lösen und in etwa 1 cm große Würfel schneiden. Sofort mit ½ EL Zitronensaft beträufeln, damit sie sich nicht bräunlich verfärben.

+ Die Kräuter waschen, trocken tupfen, die Petersilienblätter abzupfen und fein hacken, den Schnittlauch in feine Röllchen schneiden. Vom Salat die äußeren Blätter entfernen, den Salat in die einzelnen Blätter teilen, waschen, trocken schleudern und in etwa 1 cm breite Streifen schneiden.

+ Für die Vinaigrette in einer Salatschüssel den übrigen Zitronensaft (2 EL) mit Essig, Salz, Pfeffer und 2 EL Öl verquirlen.

+ Die Lachsfilets waschen, trocken tupfen, leicht salzen und pfeffern. Das restliche Öl (1 EL) in einer Pfanne erhitzen und die Fischfilets darin bei mittlerer Hitze auf beiden Seiten 4 bis 5 Minuten braten.

+ Zum Servieren Quinoa, Paprika, Tomaten, Frühlingszwiebeln, Avocado und Kräuter zur Vinaigrette geben und alles vorsichtig mischen. Die Salatstreifen auf Tellern anrichten und den Quinoa-Mix darauf verteilen. Den Fisch daraufsetzen.

Gemüsecurry mit Lachswürfeln

Für 2 Personen
Zubereitung: 35 Minuten

15 g Ingwer
1 Knoblauchzehe
1 große Möhre
1 Stange Lauch
100 g tiefgekühlte grüne Bohnen
200 g Mini-Pak-Choi
2 EL Sesamöl
(ersatzweise Rapsöl)
2 TL rote Thai-Currypaste
200 g fettreduzierte Kokosmilch
(12 % Fett)
200 ml Gemüsebrühe
250 g Lachsfilet
Salz, Pfeffer aus der Mühle
1–2 EL Limettensaft

Pro Portion: ca. 490 kcal,
30 g EW, 33 g F, 15 g KH, 5 g BST

+ Ingwer und Knoblauch schälen und in feine Würfel schneiden. Die Möhre putzen, schälen und längs in dünne Streifen schneiden. Den Lauch putzen, gut waschen und in etwa ½ cm dünne Ringe schneiden. Die Bohnen antauen lassen. Den Pak Choi putzen und waschen, die Stiele in dünne, die Blätter in 2 bis 3 cm breite Streifen schneiden.

+ Im Wok oder in einem großen Topf 1 EL Öl erhitzen und Ingwer und Knoblauch darin bei mittlerer Hitze 1 bis 2 Minuten anbraten. Die Currypaste einrühren und kurz mitbraten. Kokosmilch und Brühe dazugießen, alles einmal unter Rühren aufkochen, dann offen bei mittlerer Hitze etwa 5 Minuten einkochen. Anschließend Möhre, Lauch, Bohnen und das Weiße vom Pak Choi dazugeben und alles mit geschlossenem Deckel bei mittlerer Hitze etwa 7 Minuten köcheln lassen.

+ Inzwischen den Lachs waschen, trocken tupfen und in etwa 2 cm große Stücke schneiden. In einer beschichteten Pfanne im übrigen Öl (1 EL) bei mittlerer Hitze etwa 3 Minuten unter Rühren anbraten, salzen und pfeffern. Vom Herd nehmen.

+ Die Pak-Choi-Blätter und gebratenen Lachsstücke vorsichtig unter das Curry heben und darin mit geschlossenem Deckel bei schwacher Hitze 2 bis 3 Minuten gar ziehen lassen. Zum Servieren das Curry mit Salz, Pfeffer und Limettensaft abschmecken und auf tiefe Teller oder Schalen verteilen. Dazu passt pro Person etwa 50 g Vollkorn-Basmatireis (roh gewogen).

Kabeljaugratin mit grünem Gemüse

Für 2 Personen
Zubereitung: 30 Minuten
Backen: 20 Minuten

1 Bund Basilikum
1 EL Mandeln
1 Knoblauchzehe
1 EL Zitronensaft
4 EL Olivenöl
Salz, Pfeffer aus der Mühle
250 g Brokkoli
1 Zucchini
1 kleiner Fenchel (mit Grün)
1 TL getr. Thymian
200 ml Gemüsebrühe
300 g Kabeljaufilet
125 g Mozzarella light
(max. 30 % Fett i. Tr.)

Pro Portion: ca. 450 kcal,
33 g EW, 29 g F, 11 g KH, 7 g BST

+ Das Basilikum waschen, trocken tupfen und die Blätter abzupfen (ergibt ca. 20 g). Die Mandeln grob hacken. Den Knoblauch schälen und fein würfeln. Basilikum, Mandeln und Knoblauch mit Zitronensaft, 3 EL Öl und 2 EL Wasser im Blitzhacker fein pürieren. Das Pesto mit Salz und Pfeffer würzen.

+ Den Brokkoli putzen, waschen und in Röschen teilen, Stiele schälen und klein würfeln. Die Zucchini putzen, waschen, längs halbieren und in etwa ½ cm dünne Scheiben schneiden. Den Fenchel putzen, waschen, halbieren und das Grün zum Garnieren beiseitelegen. Den Fenchel in dünne Streifen schneiden.

+ Den Backofen auf 200 °C vorheizen. Brokkoli, Zucchini und Fenchel in einer ofenfesten Pfanne mit hohem Rand im übrigen Öl (1 EL) bei mittlerer Hitze etwa 3 Minuten andünsten. Mit Thymian, Salz und Pfeffer würzen. Die Brühe dazugießen und alles offen bei mittlerer Hitze etwa 5 Minuten einkochen.

+ Den Fisch waschen, trocken tupfen und in mundgerechte Stücke schneiden. Vorsichtig unter das Gemüse heben und alles mit Pesto beträufeln. Mozzarella abtropfen lassen, in Scheiben schneiden und auf dem Gratin verteilen. Alles im Ofen auf der mittleren Schiene etwa 20 Minuten überbacken. Herausnehmen und mit dem Fenchelgrün bestreut anrichten. Dazu passt pro Person je 50 g Naturreis (roh gewogen).

DIE ERNÄHRUNGS-DOCS

Fette Meeresfische wie Hering, Makrele und Lachs versorgen uns mit wertvollen Omega-3-Fettsäuren, die vor Herz-Kreislauf-Beschwerden schützen und Entzündungen im Körper bekämpfen. Gut zu wissen: In Fisch und Meeresfrüchten ist der Omega-3-Anteil höher als in pflanzlichen Ölen. Für Veganer und Vegetarier kann ein hochwertiges Algenöl eine Alternative sein.

Ofengemüse mit Räucherfischdip

Für 2 Personen
Zubereitung: 25 Minuten
Garen: 30 Minuten

300 g kleine, festkochende Kartoffeln (z. B. Drillinge)
je 1 kleine rote und gelbe Paprikaschote
1 Stange Lauch
1 rote Zwiebel
2 kleine Zweige Rosmarin
4 Zweige Thymian
2 EL Olivenöl
Salz, Pfeffer aus der Mühle
150 g Cocktailtomaten
3 Artischockenherzen (aus der Dose)
100 g geräuchertes Makrelenfilet
100 g Frischkäse (Halbfettstufe)
2 TL Zitronensaft
2 EL gehackte Petersilie

Pro Portion: ca. 530 kcal, 24 g EW, 28 g F, 37 g KH, 14 g BST

+ Den Backofen auf 200 °C vorheizen, dabei ein Backblech auf die mittlere Schiene schieben. Die Kartoffeln mit der Gemüsebürste gründlich waschen und je nach Größe längs halbieren oder vierteln. Paprikaschoten längs halbieren, putzen, waschen und in etwa 2 cm große Stücke schneiden. Den Lauch putzen, waschen und schräg in etwa 1 cm breite Scheiben schneiden. Die Zwiebel schälen und in Spalten teilen. Die Rosmarin- und Thymianzweige waschen und trocken tupfen.

+ In einer Schüssel Kartoffeln, Paprika, Lauch und Zwiebel mit dem Öl mischen, die Kräuterzweige unterheben und alles vorsichtig auf dem vorgeheizten Blech verteilen. Das Gemüse mit Salz und Pfeffer würzen und im Ofen auf der mittleren Schiene 25 bis 30 Minuten garen.

+ Währenddessen die Tomaten waschen und halbieren. Die Artischockenherzen abtropfen lassen und halbieren oder vierteln. Beides etwa 10 Minuten vor Ende der Backzeit unter das Gemüse heben und alles fertig garen. Inzwischen das Makrelenfilet grob zerpflücken und im Blitzhacker mit Frischkäse und Zitronensaft fein pürieren, Petersilie untermischen.

+ Zum Servieren den Dip nochmals mit Salz und Pfeffer abschmecken. Das Gemüse aus dem Ofen nehmen und auf Tellern verteilen, den Dip dazu reichen.

DIE ERNÄHRUNGS-DOCS

Bitter ist gesund! Die herben Aromastoffe in Artischocken, Chicorée, Mangold und Co. verhindern lästige Heißhungerattacken, weil sie unser Sättigungsgefühl verstärken und die Blutzuckerwirkung des Insulins verbessern. Verwenden Sie also öfter bittere Zutaten in der Küche oder nehmen Sie Bittertropfen aus der Apotheke ein!

Was am Vortag gekocht wurde …

… macht am nächsten Tag schlank! Reis, Kartoffeln oder Nudeln vom Vortag liefern weniger schnelle „Carbs“ als frisch gegarte – perfekt für unser Mikrobiom! Beim Abkühlen entsteht resistente Stärke, die wie ein Ballaststoff langsam ins Blut geht.

Bratreis mit Räuchertofu

Für 2 Personen: **1 Möhre** putzen und schälen, **3 Frühlingszwiebeln** putzen und waschen, beides in dünne Scheiben schneiden. **150 g Zuckerschoten** putzen, waschen und diagonal halbieren. **150 g geräucherten Tofu** etwa 1 cm groß würfeln und im Wok in **1 EL Sesamöl** etwa 4 Minuten anbraten, herausnehmen. Dann das Gemüse im Wok in **1 EL Sesamöl** bei starker Hitze etwa 2 Minuten unter Rühren braten. **200 g gegarten, abgekühlten Naturreis** (vom Vortag) dazugeben und etwa 2 Minuten mitbraten. **2 EL Sojasauce, 2 EL Limettensaft** und **½ TL Sambal oelek** verrühren, dazugeben und etwa 3 Minuten garen. Mit Tofu bestreut servieren.

Pro Portion: ca. 390 kcal, 18 g EW, 16 g F, 40 g KH, 6 g BST

Kartoffel-Rosenkohl-Tortilla

Für 2 Personen: **250 g gegarte, abgekühlte Kartoffeln** (vom Vortag) pellen und in Scheiben schneiden. **250 g Rosenkohl** putzen, waschen, halbieren und in kochendem Salzwasser etwa 5 Minuten garen. In ein Sieb abgießen, kalt abschrecken und abtropfen lassen. **1 krote Paprikaschote** längs halbieren, putzen, waschen und in dünne Streifen schneiden. Kartoffeln und Gemüse in einer beschichteten Pfanne in **2 EL Olivenöl** bei mittlerer Hitze etwa 5 Minuten anbraten, mit **Salz** und **Pfeffer** würzen. **4 Eier** (Größe M) mit **4 EL Sahne** verquirlen, salzen, pfeffern und über Kartoffeln und Gemüse verteilen. Mit geschlossenem Deckel bei mittlerer Hitze 12 bis 15 Minuten stocken lassen. Zum Servieren in Stücke schneiden.

Pro Portion: ca. 490 kcal,
22 g EW, 31 g F, 27 g KH, 7 g BST

Mediterraner Nudelauflauf

Für 2 Personen: Den Backofen auf 200 °C vorheizen. **1 Zucchini** putzen, waschen, längs halbieren und in Scheiben schneiden. **1 große Tomate** waschen und würfeln. **1 kleine rote Zwiebel** und **1 Knoblauchzehe** schälen, fein würfeln und in einer Pfanne in **1 EL Olivenöl** andünsten. Zucchini und Tomate etwa 2 Minuten mitbraten, mit **Salz, Pfeffer** und **1 TL getr. Oregano** würzen. **200 g gegarte, abgekühlte Vollkornnudeln** (z. B. Penne; vom Vortag), **200 ml passierte Tomaten** (aus der Dose) und **50 g geriebenen Bergkäse** untermischen. In einer Auflaufform (ca. 25 x 15 cm) verteilen, mit **20 g geriebenem Bergkäse** bestreuen und im Ofen auf der zweiten Schiene von unten etwa 15 Minuten überbacken. Mit Basilikum garniert servieren.

Pro Portion: ca. 390 kcal,
19 g EW, 17 g F, 34 g KH, 8 g BST

Putengeschnetzeltes mit Kürbis und Pilzen

Für 2 Personen
Zubereitung: 40 Minuten

400 g Hokkaido-Kürbis
1 Stange Lauch
200 g kleine braune Champignons
200 g Putenbrustfilet
2 EL Rapsöl
Salz, Pfeffer aus der Mühle
1 TL edelsüßes Paprikapulver
200 ml Gemüsebrühe
100 g Crème légère (15 % Fett)
1–2 TL körniger Senf
½ TL abgeriebene Bio-Zitronenschale
½ Bund Schnittlauch

Pro Portion: ca. 400 kcal,
33 g EW, 21 g F, 14 g KH, 8 g BST

\+ Den Kürbis waschen, entkernen und etwa 1 cm große Würfel schneiden. Den Lauch putzen, waschen und schräg in etwa 1 cm breite Scheiben schneiden. Die Champignons putzen, falls nötig, trocken abreiben und vierteln. Das Fleisch waschen, trocken tupfen und in etwa 1 cm breite Streifen schneiden.

\+ In einer großen Pfanne 1 EL Öl erhitzen und die Putenstreifen darin bei mittlerer bis starker Hitze 2 bis 3 Minuten hellbraun braten, salzen und pfeffern, dann herausnehmen. Das übrige Öl (1 EL) in der Pfanne erhitzen und Kürbis, Lauch und Pilze darin bei mittlerer Hitze etwa 5 Minuten anbraten, mit Salz, Pfeffer und Paprikapulver würzen. Brühe und Crème légère unterrühren und das Fleisch dazugeben, dann alles aufkochen und mit Senf und Zitronenschale abschmecken. Zuletzt das Putengeschnetzelte offen bei schwacher Hitze noch etwa 5 Minuten köcheln lassen.

\+ Zum Servieren den Schnittlauch waschen, trocken tupfen und in feine Röllchen schneiden. Das Geschnetzelte auf Tellern anrichten und mit Schnittlauch bestreuen. Dazu passen kurze Dinkelvollkornnudeln (z. B. Spiralen oder Penne) – pro Person ca. 60 g (roh gewogen).

DIE ERNÄHRUNGS-DOCS

Im Vergleich zu roten Fleischsorten von Rind, Kalb, Lamm und Schwein ist Geflügelfleisch relativ fettarm – bei gleichem Proteingehalt (die Haut aber bitte nicht mitverarbeiten und essen!). Das Plus von Hähnchen, Pute und Co.: Sie enthalten deutlich weniger gesundheitsschädliche Arachidonsäure. Wem es schwerfällt, im Kampf gegen den Jo-Jo-Effekt vollständig auf Fleisch zu verzichten, kann Geflügel wählen, sollte aber auch hier nicht mehr als eine Portion pro Woche essen. Dabei am besten Fleisch aus artgerechter Tierhaltung verwenden.

Hähnchenspieße mit Gurken-Minze-Dip

Für 2 Personen
Zubereitung: 45 Minuten
Marinieren: 3 Stunden (über Nacht)

1 Schalotte
1 Zweig Rosmarin
3 Zweige Thymian
½ Bio-Zitrone
3 EL Olivenöl
Salz, Pfeffer aus der Mühle
300 g Hähnchenbrustfilet
3 Frühlingszwiebeln
1 gelbe Paprikaschote
100 g Cocktailtomaten
200 g griech. Joghurt (2 % Fett)
1 Mini-Salatgurke
3 Stiele Minze
½ TL Pul Biber
(ersatzweise Chiliflocken)
4 Schaschlikspieße aus Holz
oder Metall

Pro Portion: ca. 415 kcal,
41 g EW, 19 g F, 14 g KH, 4 g BST

+ Am Vorabend für die Marinade die Schalotte schälen und fein würfeln. Rosmarin und Thymian waschen, trocken tupfen, die Nadeln bzw. Blätter abzupfen und fein hacken. Die Zitrone heiß waschen, abtrocknen und die Schale fein abreiben, dann 2 EL Saft auspressen. Schalotte, Kräuter, 1 EL Zitronensaft und -schale mit 2 EL Öl verrühren, salzen und pfeffern. Das Hähnchenfleisch waschen, trocken tupfen und etwa 2 cm groß würfeln. In die Marinade geben, alles gut mischen und das Fleisch abgedeckt im Kühlschrank mindestens 3 Stunden, am besten über Nacht, durchziehen lassen.

+ Am nächsten Tag die Frühlingszwiebeln putzen, waschen und quer in 3 bis 4 cm lange Stücke schneiden. Die Paprika längs halbieren, putzen, waschen und in etwa 2 cm große Stücke schneiden. Die Tomaten waschen. Die Hähnchenwürfel aus der Marinade nehmen und kurz abtropfen lassen, dann abwechselnd mit Frühlingszwiebeln, Paprika und Tomaten auf die Schaschlikspieße stecken.

+ Für den Dip Joghurt mit übrigem Öl (1 EL) und restlichem Zitronensaft (1 EL) verrühren. Die Gurke putzen, waschen, längs halbieren, entkernen und klein würfeln. Minze waschen, trocken tupfen, Blätter abzupfen und in feine Streifen schneiden. Beides unter den Joghurt rühren, mit Salz und Pul Biber würzen.

+ Eine große (Grill-)Pfanne ohne Fett erhitzen und die Spieße darin bei mittlerer bis starker Hitze rundum 12 bis 15 Minuten hellbraun braten, dabei immer wieder mit etwas Marinade bestreichen. Zum Servieren die Spieße mit dem Gurken-Minze-Dip auf Tellern anrichten. Dazu passen pro Person 120 g gebratene Pellkartoffeln oder 1 Scheibe Vollkornbrot (ca. 60 g).

Gefüllte Zucchini mit Chili con Carne

Für 2 Personen
Zubereitung: 30 Minuten
Garen: 30 Minuten

1 kleine Zwiebel
1 Knoblauchzehe
je 1 gelbe und grüne Zucchini
(à ca. 300 g)
Salz, Pfeffer aus der Mühle
1 kleine gelbe Paprikaschote
120 g Kidneybohnen
(aus der Dose)
2 EL Olivenöl
200 g Tatar
(ersatzweise mageres Rinderhackfleisch)
2 TL Tomatenmark
200 g passierte Tomaten
(aus der Dose)
1 TL Chilipulver
½ Bund Petersilie
150 g stichfester Joghurt (3,5 % Fett)

Pro Portion: ca. 380 kcal,
34 g EW, 17 g F, 17 g KH, 7 g BST

+ Zwiebel und Knoblauch schälen und in feine Würfel schneiden. Die Zucchini putzen, waschen und längs halbieren. Das Fruchtfleisch mit einem Löffel jeweils in Form einer breiten Rille herausschaben und fein hacken. Die Zucchinihälften innen salzen und pfeffern. Die Paprikaschote längs halbieren, putzen, waschen und etwa 1 cm groß würfeln. Die Bohnen in einem Sieb abbrausen und abtropfen lassen.

+ Den Backofen auf 180 °C vorheizen und ein Backblech mit Backpapier belegen. In einer Pfanne 1 EL Öl erhitzen und das Tatar darin bei mittlerer bis starker Hitze 4 bis 5 Minuten unter Rühren krümelig braun braten.

+ Zwiebel, Knoblauch, gehacktes Zucchinifleisch und Paprika mit dem übrigen Öl (1 EL) zum Fleisch geben und 2 bis 3 Minuten mitbraten. Das Tomatenmark dazugeben und kurz mitdünsten, dann Bohnen und passierte Tomaten hinzufügen. Alles mit Salz, Pfeffer und ¾ TL Chilipulver würzen und offen noch etwa 5 Minuten köcheln lassen, dabei ab und zu umrühren.

+ Die Zucchinihälften mit der Öffnung nach oben nebeneinander auf das Blech setzen. Das Chili con Carne auf die Zucchinihälften verteilen und alles im Ofen auf der mittleren Schiene etwa 30 Minuten garen.

+ Zum Servieren die Petersilie waschen, trocken tupfen, die Blätter abzupfen und fein hacken. Joghurt mit restlichem Chilipulver (¼ TL) glatt rühren. Die Zucchini aus dem Ofen nehmen und je 1 grüne und gelbe Hälfte auf Tellern anrichten, mit jeweils 1 EL Chili-Joghurt toppen und mit Petersilie bestreuen. Den übrigen Chili-Joghurt separat dazu reichen. Dazu passen pro Person noch 2 Scheiben Vollkornbaguette (à ca. 20 g).

Bunter Gemüsewok mit Rindfleisch

Für 2 Personen
Zubereitung: 40 Minuten

250 g Rinderfilet
Pfeffer aus der Mühle
100 g Schalotten
15 g Ingwer
1 Knoblauchzehe
1 kleine rote Chilischote
je 1 kleine gelbe und rote Paprikaschote
100 g Shiitakepilze
200 g Mangold
200 ml Gemüsebrühe
3 EL Sojasauce (z. B. Tamari)
½ TL Johannisbrotkernmehl
2 EL Sesamöl
40 g Cashewkerne

Pro Portion: ca. 490 kcal,
38 g EW, 28 g F, 19 g KH, 9 g BST

+ Das Fleisch in etwa ½ cm dünne Streifen schneiden und mit Pfeffer würzen. Die Schalotten schälen, halbieren und in feine Streifen schneiden. Ingwer und Knoblauch schälen, Chilischote längs halbieren, putzen und waschen, alles fein würfeln. Die Paprikaschoten längs halbieren, putzen, waschen und in dünne Streifen schneiden. Die Pilze putzen, die Stiele entfernen, die Kappen, falls nötig, trocken abreiben und vierteln. Den Mangold putzen und waschen, die Stiele in dünne, die Blätter in etwa 2 cm breite Streifen schneiden.

+ Für die Würzsauce die Brühe, 2 EL Sojasauce, Pfeffer und Johannisbrotkernmehl in einer kleinen Schüssel verquirlen.

+ Im Wok 1 EL Öl erhitzen und das Fleisch darin bei mittlerer bis starker Hitze etwa 3 Minuten unter Rühren anbraten, dann wieder herausnehmen. Übriges Öl (1 EL) im Wok erhitzen und Schalotten, Ingwer, Knoblauch und Chili darin 1 bis 2 Minuten unter Rühren anbraten. Paprika, Pilze und Mangoldstiele dazugeben und alles etwa 2 Minuten unter Rühren mitbraten.

+ Die angerührte Würzsauce dazugießen und das Fleisch und die Mangoldblätter untermischen. Alles bei mittlerer Hitze noch etwa 4 Minuten köcheln lassen, dann mit der restlichen Sojasauce (1 EL) und Pfeffer abschmecken.

+ Zum Servieren die Cashewkerne hacken. Den Gemüsewok in Schalen oder tiefen Tellern anrichten und mit den Cashewkernen bestreuen. Dazu passt Vollkorn-Basmatireis – pro Person etwa 50 g (roh gewogen).

LOW-CARB-GERICHTE

Wer den Jo-Jo-Effekt ausbremsen möchte, liegt mit diesen kohlenhydratarmen Rezepten genau richtig: Gemüsenudeln mit Cashewsauce, Grillgemüse mit Halloumi oder Backhähnchen auf buntem Salat liefern nur wenige „Carbs“, dafür aber reichlich Eiweiß. Sogar Desserts können Low Carb sein – die Überraschung kommt zum Schluss!

Miso-Suppe mit Wakame und Tofu

Für 2 Personen
Zubereitung: 30 Minuten

2 Frühlingszwiebeln
je 1 gelbe und rote Spitzpaprikaschote
75 g Shiitakepilze
50 g Mungobohnensprossen
125 g Tofu natur
1 EL Sesamöl
(ersatzweise Rapsöl)
½ l vegane Gemüsebrühe
30 g helle Miso-Paste
(z. B. Shiro-Miso)
1 EL getr. Instant-Wakame-Algen
(aus dem Bioladen, z. B. von Arche)
4 Stiele Koriandergrün
2 TL ungeschälte Sesamsamen

Pro Portion: ca. 290 kcal,
16 g EW, 16 g F, 17 g KH, 9 g BST

+ Die Frühlingszwiebeln putzen, waschen und schräg in dünne Ringe schneiden. Die Paprikaschoten längs halbieren, putzen, waschen und quer in dünne Streifen schneiden. Die Pilze putzen, die Stiele entfernen, die Kappen, falls nötig, trocken abreiben und je nach Größe halbieren oder vierteln. Die Sprossen in einem Sieb abbrausen und abtropfen lassen. Den Tofu trocken tupfen und in etwa 1 ½ cm große Würfel schneiden.

+ Das Öl in einem Topf erhitzen und Frühlingszwiebeln, Paprika und Pilze darin bei mittlerer Hitze 2 bis 3 Minuten unter Rühren andünsten. Die Brühe dazugießen und alles einmal aufkochen, dann vom Herd nehmen.

+ Die Miso-Paste in einer kleinen Schüssel mit 3 EL Wasser verrühren, die Mischung zur Suppe geben und alles nochmals kurz unter Rühren erhitzen, dabei nicht mehr kochen lassen. Anschließend Sprossen, Tofuwürfel und Wakame-Algen unterrühren und die Suppe nochmals etwa 5 Minuten erwärmen.

+ Zum Servieren das Koriandergrün waschen, trocken tupfen und die Blätter abzupfen. Die Suppe auf Schalen oder tiefe Teller verteilen und mit Sesam und Koriandergrün bestreuen.

DIE ERNÄHRUNGS-DOCS

Gemüse ist Trumpf und Algen gelten als „Gemüse des Meeres". Sie liefern gesunde Nährstoffe wie Jod (Grenzwerte beachten!), Kalzium, Magnesium und Eisen. Einige Algensorten (z. B. Nori-Rotalgen) enthalten auch nennenswerte Mengen an Omega-3-Fettsäuren. Für alle, die Fisch nicht als Omega-3-Quelle nutzen möchten, sind sie daher eine gute Alternative. Auch zu empfehlen: hochwertige Algenöle, die man aus Algen extrahiert, die in Aquakulturen gezüchtet werden.

Pilzsuppe mit Spinatklößchen

Für 2 Personen
Zubereitung: 40 Minuten

250 g gemischte Pilze (z. B. Austernpilze, Champignons, Kräuterseitlinge)
125 g Knollensellerie
1 kleine Zwiebel
1 Knoblauchzehe
1 EL Olivenöl
Salz, Pfeffer aus der Mühle
1 TL getr. Thymian
½ l Gemüsebrühe
150 g Magerquark
25 g Parmesan (am Stück)
75 g junger Spinat
1 Ei (Größe M)
20 g Mandelmehl (teilentölt)
1 EL geschroteter Goldleinsamen
75 g Frischkäse (Halbfettstufe)
2 TL Zitronensaft
2 EL gehackte Petersilie

Pro Portion: ca. 450 kcal, 32 g EW, 27 g F, 13 g KH, 11 g BST

+ Für die Suppe die Pilze putzen, falls nötig, trocken abreiben und kleiner schneiden. Den Sellerie putzen, schälen und etwa 1 cm groß würfeln. Zwiebel und Knoblauch schälen und fein würfeln. Das Öl in einem Topf erhitzen und alles darin bei mittlerer bis starker Hitze etwa 5 Minuten andünsten. Mit Salz, Pfeffer und Thymian würzen. Die Brühe dazugießen, alles einmal aufkochen und mit geschlossenem Deckel bei schwacher Hitze noch etwa 15 Minuten köcheln lassen. Falls nötig, warm halten.

+ Inzwischen für die Klößchen den Quark in einem Sieb abtropfen lassen. Den Parmesan reiben. Den Spinat verlesen, waschen und tropfnass in einer kleinen Pfanne ohne Fett bei mittlerer Hitze 2 bis 3 Minuten zusammenfallen lassen.

+ Dann den Spinat in einem Sieb kalt abschrecken, abtropfen lassen, gut ausdrücken und grob hacken. Quark, Ei, Parmesan, Mandelmehl und Goldleinsamen mischen, salzen und pfeffern. Zuletzt den Spinat unter die Klößchenmasse mischen.

+ Aus der Masse mit angefeuchteten Händen zehn Bällchen formen. In einem großen Topf reichlich Salzwasser aufkochen und die Klößchen darin offen bei schwacher Hitze etwa 8 Minuten gar ziehen lassen. Mit einem Schaumlöffel herausheben und gut abtropfen lassen, eventuell warm halten.

+ Zum Servieren die Suppe vom Herd nehmen, den Frischkäse dazugeben und alles im Topf mit dem Stabmixer fein pürieren. Die Pilzsuppe nochmals mit Zitronensaft, Salz und Pfeffer abschmecken und mit den Klößchen in tiefen Tellern oder Schalen anrichten. Mit der Petersilie bestreuen.

Blumenkohl-Portulak-Suppe

Für 2 Personen
Zubereitung: 30 Minuten

300 g Blumenkohl
(ohne grüne Blätter)
1 Schalotte
1 EL Olivenöl
400 ml vegane Gemüsebrühe
2 EL Mandelblättchen
50 g Portulak
(ersatzweise junger Spinat)
30 g braunes Mandelmus
Salz, Pfeffer aus der Mühle
1–2 TL Zitronensaft

Pro Portion: ca. 280 kcal, 8 g EW, 23 g F, 7 g KH, 5 g BST

+ Den Blumenkohl putzen, waschen und in Röschen teilen. Die Schalotte schälen und fein würfeln. Das Öl in einem Topf erhitzen und Blumenkohl und Schalotte darin bei mittlerer Hitze etwa 3 Minuten andünsten. Die Brühe dazugießen und alles mit geschlossenem Deckel bei schwacher Hitze etwa 10 Minuten köcheln lassen.

+ Inzwischen die Mandelblättchen in einer kleinen Pfanne ohne Fett hell anrösten. Herausnehmen und abkühlen lassen.

+ Den Portulak verlesen, waschen und trocken tupfen, dabei die Stiele etwas kürzen. Die Suppe vom Herd nehmen, das Mandelmus und den Portulak dazugeben und alles im Topf mit dem Stabmixer fein pürieren.

+ Zum Servieren die Suppe mit Salz, Pfeffer und Zitronensaft abschmecken und auf Schalen oder tiefe Teller verteilen, mit den Mandelblättchen bestreuen.

Avocado-Koriander-Kaltschale

+ Die Avocado halbieren, entkernen und das Fruchtfleisch einer Hälfte aus der Schale lösen. In einen hohen Rührbecher geben und sofort mit 1 EL Limettensaft beträufeln, damit sich die Avocado nicht bräunlich verfärbt. Die Gurke putzen und waschen, etwa 50 g beiseitelegen, den Rest grob würfeln.

+ Das Koriandergrün waschen, trocken tupfen und die Blätter abzupfen, einige zum Garnieren beiseitelegen, den Rest mit der gewürfelten Gurke zur Avocado geben. 200 ml Buttermilch dazugießen und alles mit dem Stabmixer fein pürieren. Die Kaltschale mit Salz, Pfeffer und ½ EL Limettensaft abschmecken.

+ Avocadofleisch aus der zweiten Hälfte lösen, mit übrigem Limettensaft (½ EL) beträufeln und mit der beiseitegelegten Gurke klein würfeln. Sesam in einer kleinen Pfanne ohne Fett hell anrösten. Herausnehmen und abkühlen lassen. Die Chili längs halbieren, putzen, waschen und fein würfeln.

+ Zum Servieren die Suppe auf tiefe Teller oder Gläser verteilen, Avocado- und Gurkenwürfel daraufsetzen, mit Sesam, Chili und beiseitegelegtem Koriander bestreuen. Brot dazu reichen.

Für 2 Personen
Zubereitung: 20 Minuten

1 reife Avocado
2 EL Limettensaft
½ Salatgurke (ca. 200 g)
½ Bund Koriandergrün
300 ml reine Buttermilch (max. 1 % Fett)
Salz, Pfeffer aus der Mühle
1 EL ungeschälte Sesamsamen
½ rote Chilischote
2 Scheiben glutenfreies Hafer-Walnuss-Brot (siehe Seite 72; ersatzweise 2 Scheiben Vollkornbrot à ca. 50 g)

Pro Portion: ca. 350 kcal,
14 g EW, 21 g F, 23 g KH, 10 g BST

Mangoldsalat mit Tofu-Mandel-Sauce

Für 2 Personen
Zubereitung: 30 Minuten

300 g rotstieliger Mangold
1 gelbe Paprikaschote
100 g kleine Kräuterseitlinge
1 Knoblauchzehe
100 g Seidentofu
1 EL dunkles Mandelmus
1–2 EL Zitronensaft
Salz, Pfeffer aus der Mühle
3 EL Olivenöl
1 EL Pinienkerne
4 Stiele Petersilie

Pro Portion: ca. 330 kcal,
11 g EW, 27 g F, 7 g KH, 6 g BST

+ Mangold putzen und waschen, die Stiele in etwa ½ cm dünne, die Blätter in etwa 2 cm breite Streifen schneiden. Die Paprika längs halbieren, putzen, waschen und in kleine Würfel schneiden. Die Pilze putzen, falls nötig, trocken abreiben, längs halbieren und grob in Stücke schneiden. Den Knoblauch schälen und fein würfeln.

+ Für die Sauce den Seidentofu mit Mandelmus, Zitronensaft, 3 bis 4 EL Wasser, Salz, Pfeffer und 1 EL Öl in einem hohen Rührbecher mit dem Stabmixer fein pürieren. Die Pinienkerne in einer kleinen Pfanne ohne Fett hell anrösten, herausnehmen und abkühlen lassen. Die Petersilie waschen, trocken tupfen, die Blätter abzupfen und fein hacken.

+ Mangoldstiele, Paprika und Pilze in einer Pfanne im übrigen Öl (2 EL) bei mittlerer bis starker Hitze 2 bis 3 Minuten unter Rühren anbraten. Knoblauch dazugeben und alles mit Salz und Pfeffer würzen. Zuletzt das Mangoldgrün unterheben und alles bei mittlerer Hitze noch 2 bis 3 Minuten dünsten.

+ Zum Servieren den warmen Mangoldsalat auf Tellern anrichten. Die Tofu-Mandel-Sauce darüberträufeln und alles mit Pinienkernen und Petersilie bestreuen.

DIE ERNÄHRUNGS-DOCS

Wer sich rein pflanzenbasiert ernähren möchte, der ersetzt Produkte aus Kuhmilch meist durch Tofu, Sojadrink und Co. Dieser Tausch erhöht automatisch den Pflanzenanteil auf dem Teller: ein Trick, der für alle Abnehmwillige empfehlenswert ist. Denn das Ausgangsprodukt, die Sojabohne, enthält reichlich Eiweiß mit einer hohen biologischen Wertigkeit (siehe Seite 41). Es kann vom Körper besonders gut aufgenommen werden.

Gemüsenudeln mit Cashewsauce

Für 2 Personen
Zubereitung: 40 Minuten

je 1 grüne und gelbe Zucchini (à ca. 200 g)
1 große Möhre
1 kleine rote Paprikaschote
50 g tiefgekühlte Erbsen
4 Radieschen
2 EL Olivenöl
½ TL Currypulver
Salz, Pfeffer aus der Mühle
125 ml ungesüßter Cashew- oder Mandeldrink
60 g Cashewkerne
1 EL Hefeflocken
1 TL scharfer Senf
1 EL Limettensaft
4 Stiele Koriandergrün

Pro Portion: ca. 400 kcal, 14 g EW, 26 g F, 23 g KH, 7 g BST

\+ Zucchini putzen und waschen, die Möhre schälen, beides mit dem Spiralschneider in spaghettiähnliche Streifen schneiden. Paprika längs halbieren, putzen, waschen und klein würfeln. Erbsen antauen lassen. Radieschen putzen, waschen und in dünne Scheiben schneiden.

\+ Zucchini- und Möhrenstreifen sowie Paprika in einer großen beschichteten Pfanne im Öl bei mittlerer bis starker Hitze 2 bis 3 Minuten anbraten. Mit Curry, Salz und Pfeffer würzen. Erbsen und Radieschen untermischen und das Gemüse auf dem ausgeschalteten Herd mit geschlossenem Deckel bei schwacher Hitze noch etwa 5 Minuten ziehen lassen.

\+ Inzwischen für die Sauce in einem kleinen Topf den Cashew- oder Mandeldrink erhitzen. Dann mit Cashewkernen, Hefeflocken und Senf im Blitzhacker zu einer feincremigen Paste pürieren. Mit Salz, Pfeffer und Limettensaft abschmecken.

\+ Zum Servieren den Koriander waschen, trocken tupfen und die Blätter abzupfen. Die Gemüsenudeln mit der Hälfte der Cashewsauce mischen und auf Tellern anrichten, mit dem Koriandergrün bestreuen. Die restliche Sauce und nach Belieben je 1 Bio-Limettenspalte dazu reichen.

DIE ERNÄHRUNGS-DOCS

Weniger schnelle und mehr langsame „Carbs“ – das ist die Devise! Die gilt in Sachen Abnehmen auch für die viel geliebte Pasta, die meistens aus hellem Weizenmehl besteht. Ersetzen Sie entweder einen Teil der Nudeln oder die gesamte Menge durch Pasta aus Vollkorn oder Hülsenfrüchten. Oder zaubern Sie wie hier aus Möhren, Zucchini und Co. einfach kohlenhydratarme Gemüsenudeln. Das bringt Extrapunkte auf dem Ballaststoff-Konto!

Fenchel-Topinambur-Salat mit Tofu

Für 2 Personen
Zubereitung: 20 Minuten

1 kleiner Fenchel (mit Grün)
Salz
150 g Topinambur
(ersatzweise Pastinake)
2 Stangen Staudensellerie
1 kleiner säuerlicher Apfel
(z. B. Elstar)
1 EL Zitronensaft
2 EL Aceto balsamico bianco
1 TL scharfer Dijon-Senf
Pfeffer aus der Mühle
3 EL Olivenöl
125 g geräucherter Tofu
25 g Walnusskerne

Pro Portion: ca. 420 kcal,
15 g EW, 28 g F, 20 g KH, 13 g BST

+ Den Fenchel putzen, waschen und vierteln, das Grün zum Garnieren beiseitelegen. Den harten Strunk entfernen und die Viertel auf der Gemüsereibe quer in feine Streifen hobeln. Mit etwas Salz bestreuen und mit den Händen etwa 2 Minuten durchkneten.

+ Die Topinambur mit der Gemüsebürste gründlich waschen, eventuell dünn schälen und in feine Scheiben hobeln oder schneiden. Den Sellerie putzen, waschen und in dünne Scheiben schneiden. Den Apfel waschen, vierteln, entkernen und quer in dünne Scheiben schneiden. Den Apfel sofort mit Zitronensaft beträufeln, damit er sich nicht bräunlich verfärbt.

+ Für die Vinaigrette in einer Salatschüssel Essig, 2 EL Wasser, Senf, Salz und Pfeffer verquirlen und 2 EL Öl unterschlagen. Fenchel, Topinambur, Sellerie und Apfel dazugeben und mit der Vinaigrette gründlich mischen.

+ Den Tofu trocken tupfen, etwa 1 cm groß würfeln und in einer kleinen Pfanne im übrigen Öl (1 EL) etwa 3 Minuten unter Rühren anbraten. Die Nüsse grob hacken. Zum Servieren den Salat auf Tellern anrichten, mit den Tofuwürfeln und Nüssen bestreuen und mit dem beiseitegelegten Fenchelgrün garnieren.

DIE ERNÄHRUNGS-DOCS

Ballaststoffe zählen zu den Nährstoffen, von denen Sie nie zu viel aufnehmen bzw. essen können. Greifen Sie also zu! Topinambur enthält einen ganz besonderen Vertreter der Pflanzenfasern, das Inulin. Dieser Ballaststoff zählt zu den Präbiotika (siehe Seite 22), die im Dickdarm den „guten“ Bakterien als Futter dienen und damit das Mikrobiom optimieren. Zudem kann der Körper Inulin verwerten, ohne dass dafür Insulin zum Einsatz kommt.

Sommersalat mit Pfirsich und Feta

Für 2 Personen
Zubereitung: 30 Minuten

4 kleine Tomaten
1 Mini-Salatgurke (ca. 150 g)
1 Stange Staudensellerie
1 kleine rote Zwiebel
1 gelbfleischiger Pfirsich
4 Stiele Basilikum
1 EL Zitronensaft
1 EL Weißweinessig
1 ½ TL körniger Senf
Salz, Pfeffer aus der Mühle
3 EL Olivenöl
100 g Feta
(Schafskäse; mind. 45 % Fett i. Tr.)

Pro Portion: ca. 350 kcal,
10 g EW, 28 g F, 11 g KH, 4 g BST

+ Die Tomaten waschen und in Spalten schneiden, dabei die Stielansätze entfernen. Die Gurke putzen, waschen, längs halbieren und quer in dünne Scheiben schneiden. Den Sellerie putzen, waschen und klein würfeln. Die Zwiebel schälen, halbieren und in feine Streifen schneiden. Den Pfirsich waschen, halbieren und entsteinen, die Hälften in dünne Spalten schneiden. Das Basilikum waschen, trocken tupfen und die Blätter abzupfen. Die Hälfte der Blätter zum Garnieren beiseitelegen, den Rest in feine Streifen schneiden.

+ Für die Vinaigrette in einer Salatschüssel Zitronensaft, Essig und 2 EL Wasser mit Senf, Salz, Pfeffer und Öl gut verquirlen und die Basilikumstreifen untermischen. Dann die vorbereiteten Salatzutaten dazugeben und locker unterheben.

+ Zum Servieren den Salat auf Tellern anrichten und den Feta darüberbröckeln, zuletzt alles mit dem beiseitegelegten Basilikum garnieren. Zum Mitnehmen den Salat in Schraubgläser füllen und bis zum Transport kühl stellen.

DIE ERNÄHRUNGS-DOCS

Dass man einen Salat mit Essig-Vinaigrette oder -Dressing am besten am Anfang einer Mahlzeit essen sollte, dieser Tipp ist jetzt auch wissenschaftlich bestätigt worden: Studien konnten zeigen, dass die Säure im Essig die Ausschüttung von Insulin hemmt und damit den Abbau von Kohlenhydraten verlangsamt. Der positive Effekt: Unser Blutzucker bleibt stabiler und schießt nach dem Essen nicht so leicht in die Höhe.

Zitronenspargel im Pergament mit Tempeh

Für 2 Personen
Zubereitung: 25 Minuten
Garen: 15 Minuten

500 g grüner Spargel
2 Knoblauchzehen
½ Bio-Zitrone
4 getr. Tomaten (in Öl)
3 EL Olivenöl
Salz, Pfeffer aus der Mühle
150 g Tempeh
1 EL Sojasauce (z. B. Tamari)
2 Stiele Basilikum

Pro Portion: ca. 340 kcal, 20 g EW, 24 g F, 8 g KH, 9 g BST

+ Den Backofen auf 200 °C vorheizen. Den Spargel waschen und im unteren Drittel schälen, die holzigen Enden abschneiden. Den Knoblauch schälen und in feine Scheiben schneiden. Die Zitrone heiß waschen, abtrocknen und in dünne Spalten schneiden. Die Tomaten abtropfen lassen und fein hacken.

+ Den Spargel auf zwei Bögen Backpapier (à 42 x 38 cm) geben und Knoblauch, Zitronenstücke und getrocknete Tomaten darauf verteilen. Jeweils mit 1 EL ÖL beträufeln, salzen und pfeffern. Jedes Backpapier wie ein Bonbon über dem Gemüse zusammenfalten, dabei die Enden fest zudrehen. Die Päckchen auf ein Backblech legen und im Ofen auf der mittleren Schiene etwa 15 Minuten garen.

+ Inzwischen den Tempeh in etwa ½ cm dünne Scheiben schneiden und mit der Sojasauce bestreichen. Die Tempehscheiben in einer Pfanne im restlichen Öl (1 EL) bei mittlerer Hitze auf beiden Seiten 4 bis 5 Minuten goldbraun braten.

+ Zum Servieren das Basilikum waschen, trocken tupfen, die Blätter abzupfen und grob hacken. Die Päckchen aus dem Ofen nehmen und auf Teller setzen, dann öffnen (Vorsicht, heißer Dampf entweicht!). Alles mit Basilikum bestreuen und den Tempeh dazu reichen.

DIE ERNÄHRUNGS-DOCS

Kennen Sie Tempeh? Er wird gerne als vegane Fleischalternative zu Gemüsegerichten serviert. Das käseähnliche Produkt aus fermentierten ganzen Sojabohnen hat im Kampf gegen den Jo-Jo-Effekt gleich zwei Trümpfe zu bieten: Zum einen enthält es reichlich gut verwertbares Pflanzeneiweiß, zum anderen noch viele wertvolle Milchsäurebakterien, die dem Darm guttun.

Rote-Bete-Salat mit Ziegenkäse

Für 2 Personen
Zubereitung: 30 Minuten

200 g Rote Bete
(vorgegart und vakuumiert)
100 g tiefgekühlte Edamame
Salz
1 Schalotte
2 EL Weißweinessig
Pfeffer aus der Mühle
3 EL Olivenöl
20 g Walnusskerne
1 TL abgeriebene Bio-Orangenschale
80 g Rucola
2 Ziegenfrischkäsetaler
(z. B. Picandou; à ca. 40 g)

Pro Portion: ca. 400 kcal,
13 g EW, 30 g F, 17 g KH, 6 g BST

+ Die Rote Bete in dünne Scheiben schneiden (Achtung, sie färbt stark ab!). Die Edamame in Salzwasser 1 bis 2 Minuten blanchieren, in ein Sieb abgießen, kalt abschrecken und abtropfen lassen. Die Schalotte schälen und fein würfeln.

+ Für die Vinaigrette Essig, 2 EL Wasser, Salz und Pfeffer verrühren, 2 EL Öl unterschlagen. Rote Bete, Schalotte und Edamame unter die Vinaigrette mischen, alles durchziehen lassen.

+ Die Walnüsse hacken, in einer kleinen Pfanne ohne Fett hell anrösten. Vom Herd nehmen und abkühlen lassen. Dann mit Orangenschale und übrigem Öl (1 EL) mischen.

+ Zum Servieren den Rucola verlesen, waschen und trocken schleudern, dabei grobe Stiele entfernen. Den Rucola auf Tellern anrichten. Den Rote-Bete-Salat nochmals mit Salz und Pfeffer abschmecken und darauf verteilen. Je 1 Ziegenkäsetaler dazusetzen und mit dem Walnuss-Orangen-Topping bestreuen.

Grünes Gemüse mit Mini-Mozzarella

+ Den Backofen auf 180 °C vorheizen. Die Bohnen in einem Topf in kochendem Salzwasser 2 bis 3 Minuten blanchieren, in ein Sieb abgießen, kalt abschrecken und abtropfen lassen.

+ Währenddessen den Spitzkohl putzen, waschen und in etwa 2 cm breite Streifen schneiden. Den Brokkoli waschen und bei Bedarf kleiner schneiden. Den Lauch putzen, waschen und in etwa 1 cm breite Scheiben schneiden. Den Thymian waschen, trocken tupfen, die Blätter abzupfen und fein hacken.

+ Das grüne Gemüse mit Thymian, Öl, Salz und Pfeffer mischen. Dann auf einem Backblech verteilen und im Ofen auf der mittleren Schiene etwa 20 Minuten garen, dabei einmal wenden.

+ Inzwischen den Mozzarella abtropfen lassen, dabei größere Exemplare halbieren. Die Pinienkerne und den Mozzarella nach etwa 20 Minuten Garzeit auf dem Gemüse verteilen und alles im Ofen etwa 5 Minuten fertig garen.

+ Zum Servieren das Basilikum waschen, trocken tupfen und die Blätter abzupfen. Das Gemüse aus dem Ofen nehmen, auf Tellern anrichten und mit Basilikum garnieren.

Für 2 Personen
Zubereitung: 25 Minuten
Garen: 25 Minuten

150 g tiefgekühlte Prinzessbohnen
Salz
250 g Spitzkohl
200 g Brokkoliröschen
1 dünne Stange Lauch
4 Zweige Thymian
3 EL Olivenöl
Pfeffer aus der Mühle
125 g Mini-Mozzarellakugeln (Halbfettstufe)
20 g Pinienkerne
4 Stiele Basilikum

Pro Portion: ca. 370 kcal, 19 g EW, 24 g F, 15 g KH, 9 g BST

Grillgemüse mit Halloumi und Zitronenöl

Für 2 Personen
Zubereitung: 25 Minuten
Grillen: 10 Minuten

4–5 Stiele Basilikum
1 kleine Knoblauchzehe
½ Bio-Zitrone
3 EL Olivenöl
Salz, Pfeffer aus der Mühle
1 Aubergine (ca. 300 g)
1 Zucchini (ca. 200 g)
100 g Pfifferlinge
(ersatzweise kleine Kräuterseitlinge)
1 rote Zwiebel
100 g Halloumi (Grillkäse)

Pro Portion: ca. 390 kcal,
19 g EW, 31 g F, 8 g KH, 5 g BST

+ Für das Zitronenöl das Basilikum waschen, trocken tupfen und die Blätter abzupfen. Einige zum Garnieren beiseitelegen, Rest grob hacken. Knoblauch schälen und fein würfeln. Die Zitrone heiß waschen, abtrocknen und die Schale fein abreiben, dann 1 EL Zitronensaft auspressen. Beides mit Basilikum, Knoblauch und Öl in einem hohen Rührbecher mit dem Stabmixer fein pürieren. Das Zitronenöl mit Salz und Pfeffer würzen.

+ Aubergine putzen, waschen und schräg in etwa ½ cm dünne Scheiben schneiden, auf jeder Seite salzen und etwa 10 Minuten ziehen lassen. Inzwischen die Zucchini putzen, waschen und schräg in dünne Scheiben schneiden. Die Pfifferlinge putzen, falls nötig, trocken abreiben und grob zerkleinern. Die Zwiebel schälen und in Spalten schneiden.

+ Aubergine, Zucchini, Pilze und Zwiebel in einer Schüssel mit der Hälfte des Zitronenöls mischen. Halloumi trocken tupfen, in etwa 1 cm dicke Scheiben schneiden und unter das Gemüse heben. Alles auf einem Backblech verteilen. Den Backofengrill einschalten und das Gemüse auf der obersten Schiene etwa 10 Minuten grillen, dabei nach der Hälfte der Garzeit wenden (alternativ auf dem Elektro- oder Gasgrill im Garten arbeiten).

+ Zum Servieren das Gemüse aus dem Ofen nehmen und auf Teller verteilen, mit dem übrigen Zitronenöl beträufeln und mit dem beiseitegelegten Basilikum garnieren.

DIE ERNÄHRUNGS-DOCS

Nicht nur Gemüse und Hülsenfrüchte liefern wertvolles Pflanzeneiweiß, auch Pilze sind eine gute „grüne" Proteinquelle. Zudem punkten sie mit Mineralstoffen wie Kupfer, Jod, Zink, Mangan, Kalium und Selen. Ihr hoher Wasser- und niedriger Fettgehalt machen Pilze zu einem kalorienarmen Genuss.

Hüttenkäse-Hafer-Puffer mit Spinat

Für 2 Personen
Zubereitung: 50 Minuten

50 g Parmesan (am Stück)
2 Eier (Größe L)
200 g körniger Frischkäse (Hüttenkäse; Halbfettstufe)
3 EL zarte Haferflocken
2 EL Dinkelvollkornmehl
50 ml Milch (1,5 % Fett)
½ TL abgeriebene Bio-Zitronenschale
Salz, Pfeffer aus der Mühle
1 Knoblauchzehe
400 g junger Spinat
2 ½ EL Olivenöl
1–2 TL Zitronensaft

Pro Portion: ca. 540 kcal, 38 g EW, 31 g F, 23 g KH, 6 g BST

+ Den Parmesan fein reiben. Die Eier trennen, Eigelbe und Hüttenkäse in einer Schüssel mit Haferflocken, Mehl, Milch, 30 g geriebenem Parmesan und Zitronenschale glatt verrühren. Salzen und pfeffern und etwa 10 Minuten ruhen lassen.

+ Inzwischen den Knoblauch schälen und fein würfeln. Den Spinat verlesen, waschen und trocken schleudern, dabei grobe Stiele entfernen. Die Eiweiße mit 1 Prise Salz mit den Quirlen des Handrührgeräts steif schlagen und unter die Hüttenkäsemasse heben.

+ Backofen auf 100 °C vorheizen. In einer großen beschichteten Pfanne 1 EL Öl erhitzen und pro Portion zwei Puffer à 3 bis 4 EL Teig (ca. 12 cm Durchmesser) in die Pfanne setzen, flach drücken und bei mittlerer Hitze auf jeder Seite 4 bis 5 Minuten goldbraun braten. Herausnehmen und auf einem Teller im Ofen warm halten. Aus dem restlichen Teig und mit 1 EL Öl noch zwei weitere Puffer backen.

+ Inzwischen den Knoblauch in einem großen Topf im übrigen Öl (½ EL) bei mittlerer Hitze etwa 1 Minute andünsten. Den Spinat dazugeben und mit geschlossenem Deckel 2 bis 3 Minuten zusammenfallen lassen. Mit Salz, Pfeffer und Zitronensaft würzen. Zum Servieren den Spinat mit je zwei Puffern auf Tellern anrichten und mit dem übrigen Parmesan bestreuen.

DIE ERNÄHRUNGS-DOCS

Wer dem Jo-Jo-Effekt ein Schnippchen schlagen möchte, sollte regelmäßig Hüttenkäse auf den Tisch bringen. Der ist neben Magerquark und Harzer Käse das proteinreichste Milchprodukt. Beruhigend zu wissen: Laut neuesten Studien sind Milchprodukte nicht für Gewichtszunahmen verantwortlich, solange die verzehrten Mengen sich im Rahmen halten.

Rote-Bete-Gratin mit Feta

Für 2 Personen
Zubereitung: 25 Minuten
Garen: 25 Minuten

300 g Rote Bete
300 g Hokkaido-Kürbis
1 Knoblauchzehe
2 EL Olivenöl
100 ml Gemüsebrühe
Salz, Pfeffer aus der Mühle
½ TL gemahlener Koriander
½ TL rosenscharfes Paprikapulver
4 Zweige Thymian
100 g Feta
(Schafskäse; mind. 45 % Fett i. Tr.)
20 g Walnusskerne

Pro Portion: ca. 415 kcal,
13 g EW, 31 g F, 18 g KH, 7 g BST

+ Den Backofen auf 200 °C vorheizen. Die Rote Bete putzen, schälen und in etwa 1 cm große Würfel schneiden (Achtung, sie färbt stark ab!). Den Kürbis waschen, entkernen und ebenfalls würfeln. Den Knoblauch schälen und fein würfeln.

+ Das Öl in einer großen Pfanne erhitzen und Rote Bete und Kürbis darin bei mittlerer Hitze 8 bis 9 Minuten unter Rühren anbraten. Den Knoblauch dazugeben und kurz mitdünsten. Alles mit der Brühe ablöschen, mit Salz, Pfeffer, Koriander und Paprikapulver würzen.

+ Die Gemüsemischung in einer Auflaufform (ca. 20 x 30 cm) verteilen. Den Thymian waschen, trocken tupfen und daraufsetzen. Den Feta darüberbröckeln. Die Walnüsse grob hacken, das Gratin damit bestreuen und im Ofen auf der mittleren Schiene etwa 25 Minuten garen. Herausnehmen und vor dem Servieren kurz abkühlen lassen.

Blumenkohl-„Risotto“ mit Kürbis

+ Den Kürbis schälen, entkernen und etwa 1 cm groß würfeln. Zwiebel schälen und fein würfeln. Rosmarin waschen, trocken tupfen, die Nadeln abzupfen und fein hacken.

+ Kürbis und Zwiebel in einem großen Topf im Öl bei mittlerer Hitze etwa 3 Minuten anbraten, salzen und pfeffern. Das Tomatenmark dazugeben und kurz mitdünsten. Alles mit Paprikapulver und Rosmarin würzen, mit der Brühe aufgießen und mit geschlossenem Deckel bei schwacher Hitze noch etwa 7 Minuten köcheln lassen.

+ Inzwischen den Blumenkohl putzen, waschen, in Röschen teilen und im Blitzhacker portionsweise etwa auf Reiskorngröße zerkleinern. Den Blumenkohl-„Reis“ zum Kürbis in den Topf geben und 3 bis 4 Minuten mitgaren. Das „Risotto“ mit Salz und Pfeffer abschmecken.

+ Zum Servieren Hefeflocken, gehackte Mandeln und Petersilie mischen. Das Risotto in tiefen Tellern anrichten und mit dem Hefe-Petersilien-Mix bestreuen.

Für 2 Personen
Zubereitung: 30 Minuten

300 g Butternusskürbis
1 kleine rote Zwiebel
1 Zweig Rosmarin
2 EL Olivenöl
Salz, Pfeffer aus der Mühle
1 TL Tomatenmark
¼ TL edelsüßes Paprikapulver
150 ml Gemüsebrühe
250 g Blumenkohl
(ohne grüne Blätter)
2 EL Hefeflocken
2 EL gemahlene Mandeln
2 EL gehackte Petersilie

Pro Portion: ca. 260 kcal,
9 g EW, 17 g F, 13 g KH, 8 g BST

Thunfischomelett mit Tomatensalat

Für 2 Personen
Zubereitung: 40 Minuten

1 kleine rote Paprikaschote
300 g bunte Cocktailtomaten
75 g Zuckerschoten
¼ Bund Petersilie
1 ½ EL Aceto Balsamico
Salz, Pfeffer aus der Mühle
2 EL Olivenöl
100 g Thunfisch
(aus der Dose; im eigenen Saft)
1 kleine rote Zwiebel
5 Eier (Größe M)
80 ml Milch (1,5 % Fett)
¼ TL geräuchertes Paprikapulver
(ersatzweise edelsüßes Paprikapulver)

Pro Portion: ca. 500 kcal,
35 g EW, 30 g F, 18 g KH, 6 g BST

+ Für den Salat die Paprikaschote längs halbieren, putzen, waschen und klein würfeln. Die Tomaten waschen und halbieren. Die Zuckerschoten putzen, waschen und schräg in dünne Streifen schneiden. Die Petersilie waschen, trocken tupfen, die Blätter abzupfen und fein hacken, dabei 1 EL zum Garnieren beiseitestellen.

+ Für die Vinaigrette in einer Salatschüssel Essig, Salz, Pfeffer und 1 EL Öl verquirlen. Paprika, Tomaten, Zuckerschoten und Petersilie dazugeben und untermischen.

+ Für das Omelett den Thunfisch abtropfen lassen und mit einer Gabel leicht zerpflücken. Die Zwiebel schälen und fein würfeln. Die Eier mit Milch, Paprikapulver, Salz und Pfeffer in einer Schüssel gründlich verquirlen.

+ Den Backofen auf 100 °C vorheizen. In einer kleinen beschichteten Pfanne (ca. 20 cm Durchmesser) ½ EL Öl erhitzen und die Hälfte des Thunfischs und der Zwiebel darin bei mittlerer Hitze 2 bis 3 Minuten andünsten, leicht salzen. Die Hälfte der Eiermasse über dem Thunfisch-Mix verteilen und mit geschlossenem Deckel bei schwacher bis mittlerer Hitze 3 bis 4 Minuten stocken lassen. Dann das Omelett auf einen Teller gleiten lassen und im Ofen warm halten.

+ Den Rest von Thunfisch, Zwiebel und Eiermasse mit dem restlichen Öl (½ EL) zu einem zweiten Omelett stocken lassen. Zum Servieren die Thunfischomeletts auf Tellern anrichten und mit Petersilie bestreuen, den Tomatensalat danebensetzen.

eber

Cloud-Bread-Sandwich mit Lachs

Für 2 Personen
Zubereitung: 30 Minuten
Backen: 15 Minuten
Abkühlen: 30 Minuten

2 Eier (Größe M)
¼ TL Weinsteinbackpulver
Salz
75 g Frischkäse (Halbfettstufe)
1 EL ungeschälte Sesamsamen
4 Radieschen
1 Mini-Salatgurke
20 g Rucola
3 Stiele Dill
75 g geräucherter Lachs
(in dünnen Scheiben)
Pfeffer aus der Mühle

Pro Portion: ca. 230 kcal,
21 g EW, 14 g F, 4 g KH, 1 g BST

+ Den Backofen auf 150 °C vorheizen. Ein Backblech mit Backpapier belegen. Die Eier trennen. Die Eiweiße mit dem Backpulver und 1 Prise Salz mit den Quirlen des Handrührgeräts steif schlagen. Danach die Eigelbe und 50 g Frischkäse etwa 5 Minuten aufschlagen, anschließend den Eischnee mit einem Teigschaber locker unterheben.

+ Die Masse auf dem Blech nebeneinander zu vier runden Fladen (à ca. 12 cm Durchmesser) verteilen und mit dem Sesam bestreuen. Die Cloud Breads im Ofen auf der mittleren Schiene etwa 15 Minuten goldbraun backen. Herausnehmen, mit einem Messer vorsichtig vom Backpapier lösen und auf einem Kuchengitter abkühlen lassen (mindestens 30 Minuten).

+ Inzwischen die Radieschen putzen, waschen und in dünne Scheiben schneiden. Die Gurke putzen, waschen und ebenfalls in dünne Scheiben schneiden oder hobeln. Den Rucola verlesen, waschen und trocken schleudern, dabei grobe Stiele entfernen. Den Dill waschen, trocken tupfen und die Spitzen abzupfen. Den Lachs grob in Stücke zupfen.

+ Zum Servieren den restlichen Frischkäse (25 g) mit Salz und Pfeffer würzen und zwei Cloud Breads damit bestreichen. Jeweils mit Radieschen, Gurke, Rucola und Lachs belegen und mit Dill bestreuen. Auf jeden Fladen ein zweites Cloud Bread legen und leicht andrücken.

DIE ERNÄHRUNGS-DOCS
Eier sind nicht nur zum Frühstück eine gute Idee, weil sie lange sättigen. Sie liefern das am besten verfügbare Protein und halten uns dadurch nachhaltig satt. Ein entscheidender Faktor im Kampf gegen den Jo-Jo-Effekt: Denn wer satt ist, snackt nicht – und das hält den Blutzuckerspiegel in der Balance.

Möhren-Pancakes mit Räucherforelle

Für 2 Personen
Zubereitung: 25 Minuten

75 g saure Sahne (10 % Fett)
1 EL Zitronensaft
Salz, Pfeffer aus der Mühle
1 Möhre (ca. 75 g)
60 g Dinkelvollkornmehl
1 gestr. TL Weinsteinbackpulver
1 Ei (Größe M)
150 ml Kefir (1,5 % Fett)
2 EL Rapsöl
100 g geräuchertes Forellenfilet

Pro Portion: ca. 430 kcal, 22 g EW, 25 g F, 26 g KH, 3 g BST

+ Für den Dip die saure Sahne mit Zitronensaft, Salz und Pfeffer glatt verrühren.

+ Die Möhre putzen, schälen und auf der Gemüsereibe fein raspeln. Mehl, Backpulver und ¼ TL Salz in einer Rührschüssel mischen. Das Ei, Kefir und 1 EL Öl verquirlen. Dann die Eiermischung und die Möhrenraspel zum Mehl-Mix geben und alles mit einem Teigschaber zügig verrühren.

+ Backofen auf 100 °C vorheizen. In einer großen beschichteten Pfanne pro Portion ½ EL Öl erhitzen und aus dem Teig vier bis fünf Pancakes à 1 EL darin verteilen. Die Pancakes bei mittlerer Hitze auf beiden Seiten 3 bis 4 Minuten goldbraun backen. Herausnehmen und im Ofen auf einem Teller warm halten. Anschließend in der Pfanne im übrigen Öl noch vier bis fünf weitere Pancakes backen.

+ Inzwischen die Räucherforelle grob in Stücke teilen. Die Pancakes auf Teller verteilen und mit dem Dip und der Forelle servieren. Nach Belieben mit Petersilienblättern garnieren.

DIE ERNÄHRUNGS-DOCS

Dank Kefir werden diese Pancakes schön fluffig. Denn Kefir ist milchsauer vergoren und enthält daher Kohlensäure, die den Teig lockert. Von den Milchsäuren im Kefir kann vor allem unser Darm profitieren, da sie das Mikrobiom regelrecht „verwöhnen" und die Verdauung fördern. Übrigens lässt sich Kefir auch selbst ansetzen, Kefirkulturen oder -knollen gibt es im Handel. Wer Milch oder Laktose nicht verträgt, gibt die Kulturen in Wasser und erhält damit den sogenannten Wasserkefir. Er schmeckt ähnlich wie Kombucha und enthält ebenfalls wertvolle Milchsäurebakterien.

Bauernomelett mit Corned Beef

Für 2 Personen
Zubereitung: 45 Minuten

200 g kleine Pellkartoffeln (vom Vortag)
100 g kleine braune Champignons
2 Frühlingszwiebeln
1 Knoblauchzehe
100 g Corned Beef (aus der Dose)
2 kleine Tomaten
½ Bund Schnittlauch
3 EL Olivenöl
Salz, Pfeffer aus der Mühle
4 Eier (Größe M)
frisch geriebene Muskatnuss
100 g gemischte Salatblätter
(z. B. Romana-, Eichblatt-, Feldsalat)
2 EL Weißweinessig
½ TL scharfer Senf

Pro Portion: ca. 475 kcal,
31 g EW, 28 g F, 21 g KH, 4 g BST

+ Die Kartoffeln pellen und in dünne Scheiben schneiden. Die Pilze putzen, falls nötig, trocken abreiben und vierteln. Die Frühlingszwiebeln putzen, waschen und in dünne Ringe schneiden. Den Knoblauch schälen und fein würfeln. Das Corned Beef mit einer Gabel leicht zerpflücken. Die Tomaten waschen und achteln, dabei die Stielansätze entfernen. Den Schnittlauch waschen, trocken tupfen und in feine Röllchen schneiden.

+ In einer mittelgroßen beschichteten Pfanne 1 EL Öl erhitzen und die Kartoffelscheiben und Pilze darin bei mittlerer Hitze etwa 5 Minuten anbraten, mit Salz und Pfeffer würzen. Dann die Frühlingszwiebeln und den Knoblauch dazugeben und unter Rühren 1 bis 2 Minuten mitbraten.

+ Die Eier verquirlen und mit Salz, Pfeffer und Muskat würzen. Die Eiermasse über die Kartoffelmischung gießen und Corned Beef, Tomaten und Schnittlauch darauf verteilen. Das Omelett mit geschlossenem Deckel bei schwacher Hitze 10 bis 15 Minuten stocken lassen.

+ Währenddessen die Salatblätter verlesen, waschen, trocken schleudern und in mundgerechte Stücke zupfen. Für die Vinaigrette in einer Salatschüssel Essig, Senf, Salz, Pfeffer und das übrige Öl (2 EL) gut verrühren, den Salat dazugeben und darin wenden. Zum Servieren das Omelett in Stücke schneiden, auf Tellern anrichten und den Salat danebensetzen.

DIE ERNÄHRUNGS-DOCS
Tomaten sind hierzulande das beliebteste Gemüse. Kein Wunder, sie schmecken roh und gekocht und sind zudem noch sehr gesund. Vor allem ihr sekundärer Pflanzenstoff Lycopin wirkt antioxidativ und krebshemmend – er wird aus gekochten Tomaten noch besser aufgenommen als aus rohen.

Asia-Hähnchenfilet mit Rettich

Für 2 Personen
Zubereitung: 35 Minuten

2 Hähnchenbrustfilets (à ca. 125 g)
15 g Ingwer
4 EL Sojasauce (z. B. Tamari)
2 EL Zitronensaft
200 g dünner Rettich
150 g Möhren
3 EL Weißweinessig
Salz, Pfeffer aus der Mühle
2 EL Olivenöl
2 TL geröstetes Sesamöl
1 rote Chilischote
1 EL ungeschälte Sesamsamen
4 Stiele Koriandergrün

Pro Portion: ca. 360 kcal, 34 g EW, 19 g F, 9 g KH, 4 g BST

+ Die Hähnchenfilets waschen und trocken tupfen. Den Ingwer schälen und fein reiben, mit Sojasauce, Zitronensaft und 100 ml Wasser in einer kleinen Pfanne aufkochen. Das Fleisch dazugeben, die Hitze reduzieren und das Fleisch mit geschlossenem Deckel bei schwacher Hitze 12 bis 15 Minuten garen.

+ Inzwischen Rettich und Möhren putzen, schälen und mit dem Spiralschneider in spaghettiähnliche Streifen schneiden. Für die Vinaigrette in einer Salatschüssel Essig, Salz, Pfeffer, Oliven- und Sesamöl verrühren. Die Chilischote längs halbieren, putzen, waschen und quer in dünne Streifen schneiden, unter die Vinaigrette rühren.

+ Den Sesam in einer kleinen Pfanne ohne Fett hell anrösten, herausnehmen und abkühlen lassen. Den Koriander waschen, trocken tupfen und die Blätter abzupfen. Beides mit den Möhren- und Rettichstreifen unter die Chili-Vinaigrette mischen und auf Teller verteilen.

+ Zum Servieren die Hähnchenfilets aus dem Soja-Ingwer-Sud nehmen, etwas abtropfen lassen und schräg in Scheiben schneiden. Das Fleisch auf dem Salat anrichten und mit 4 bis 5 EL Sud beträufeln.

DIE ERNÄHRUNGS-DOCS

Wer seine Ernährung auf gesund und antientzündlich umstellen möchte, sollte auch bei den Speisefetten und -ölen ab sofort genauer hinsehen. Generell sind pflanzliche Fette gesünder als tierische. Für die kalte Küche sind hochwertige, meist kalt gepresste Öle wie Leinöl oder Hanföl zu empfehlen, zum Braten sollte man zu Olivenöl oder Rapsöl greifen. Das geröstete Sesamöl ist ein Würzöl und sollte nur in Verbindung mit einem hocherhitzbaren Öl verwendet werden – sonst verbrennt es.

Backhähnchen auf buntem Salat

Für 2 Personen
Zubereitung: 30 Minuten
Backen: 20 Minuten

200 g Hähnchenbrustfilet
Salz, Pfeffer aus der Mühle
½ TL edelsüßes Paprikapulver
2 TL Dinkelvollkornmehl
1 Ei (Größe M)
1 EL Butter
50 g zarte Haferflocken
150 g grüne Bohnen
250 g kleine Tomaten
1 Mini-Romanasalat (ca. 150 g)
150 g stichfester Joghurt (1,5 % Fett)
2 EL Apfelessig
½ Bund Dill
½ Bio-Zitrone

Pro Portion: ca. 420 kcal,
38 g EW, 13 g F, 30 g KH, 7 g BST

+ Den Backofen auf 220 °C vorheizen. Ein Backblech mit Backpapier belegen. Das Hähnchenfilet waschen, trocken tupfen und in etwa 2 cm breite Streifen schneiden. Mit Salz, Pfeffer und Paprikapulver würzen, mit dem Mehl bestäuben. Das Ei mit 1 bis 2 EL Wasser in einem tiefen Teller verquirlen. Die Butter zerlassen und mit den Haferflocken auf einem weiteren Teller mischen.

+ Die Fleischstreifen erst durch das verquirlte Ei ziehen, dann im Flocken-Mix gründlich wenden, dabei die Panade andrücken. Die Hähnchenstreifen auf dem Blech verteilen und im Ofen im unteren Drittel etwa 20 Minuten goldbraun backen, dabei einmal wenden.

+ Inzwischen die Bohnen putzen, waschen, quer halbieren und in kochendem Salzwasser 8 bis 10 Minuten blanchieren. In ein Sieb abgießen, kalt abschrecken und abtropfen lassen. Die Tomaten waschen und in Scheiben schneiden, dabei die Stielansätze entfernen. Den Salat putzen, waschen, trocken schleudern und in mundgerechte Stücke zupfen.

+ Für das Dressing in einer Salatschüssel Joghurt mit Essig, Salz und Pfeffer verrühren. Dill waschen, trocken tupfen, die Spitzen abzupfen, fein hacken und unter das Dressing rühren.

+ Zum Servieren Bohnen, Tomaten und Salat unter das Dressing mischen und auf Teller verteilen. Das Backhähnchen aus dem Ofen nehmen und auf dem Salat anrichten. Die Zitrone in Spalten schneiden und dazu reichen.

Happy End mit Süßem

Desserts gehen auch Low Carb! Gönnen Sie sich leckere Naschereien aus eiweißreichen Produkten wie Quark, Ricotta, Joghurt oder Tofu und zuckerarmem Obst. Die locken weniger Insulin ins Blut und bremsen den Heißhunger aus.

Stracciatella-Quark auf Erdbeeren

Für 2 Personen: **250 g Magerquark**, **4 EL Mineralwasser** (mit Kohlensäure) und **1 TL flüssigen Honig** verrühren. **15 g rohe Kakao-Nibs** und **1 Msp. gemahlene Vanille** untermischen. **250 g Erdbeeren** waschen, putzen, in dünne Scheiben schneiden und leicht überlappend auf Tellern auslegen. Den Quark-Mix in die Mitte geben und mit **1 TL Kakao-Nibs** bestreut servieren.

Pro Portion: ca. 220 kcal,
17 g EW, 9 g F, 15 g KH, 4 g BST

Heidelbeer-Ricotta-Joghurt

Für 2 Personen: **150 g tiefgekühlte Heidelbeeren** etwa 20 Minuten auftauen lassen. **150 g Ricotta**, **150 g stichfesten Joghurt** (1,5 % Fett), **2 TL Ahornsirup** und **1 TL abgeriebene Bio-Limettenschale** glatt verrühren und auf Gläser verteilen. 100 g Heidelbeeren samt dem gezogenen Saft und **2 TL Limettensaft** in einem hohen Rührbecher mit dem Stabmixer fein pürieren, die übrigen Heidelbeeren unterheben. Den Heidelbeer-Mix auf der Ricottacreme verteilen. Zum Servieren mit **Minzeblättern** garnieren.

Pro Portion: ca. 220 kcal,
10 g EW, 11 g F, 16 g KH, 4 g BST

Papayasalat mit Vanille-Tofu-Creme

Für 2 Personen: **1 EL Limettensaft, 1 TL Ahornsirup** und **1 EL gehackte Minze** mischen. **200 g Papaya** entkernen, schälen und etwa 1 cm groß würfeln. **50 g Himbeeren** verlesen, waschen und trocken tupfen. Beides mit der Minzemarinade mischen. **150 g Seidentofu** mit **¼ TL gemahlener Vanille** in einem hohen Rührbecher mit dem Stabmixer fein pürieren. **1 Eiweiß** (Größe M) mit **1 Prise Salz** steif schlagen und unterheben. Das Obst mit der Tofucreme auf Schalen verteilen und mit **1 EL gehackten Pistazienkernen** bestreuen.

Pro Portion: ca. 145 kcal,
9 g EW, 6 g F, 10 g KH, 4 g BST

Sanddorn-Soja-Kaltschale

Für 2 Personen: **2 EL Mandelblättchen** in einer kleinen Pfanne ohne Fett hell anrösten. Herausnehmen und abkühlen lassen. **200 g Brombeeren** verlesen, waschen und trocken tupfen. **300 ml kalten, ungesüßten Sojadrink, 150 g vegane Quarkalternative auf Sojabasis, 2 EL ungesüßtes Sanddornmark** und **2 TL Ahornsirup** in einem hohen Rührbecher mit dem Stabmixer glatt pürieren. Die Kaltschale mit den Brombeeren in tiefen Tellern anrichten und mit den Mandelblättchen bestreut servieren.

Pro Portion: ca. 290 kcal,
15 g EW, 17 g F, 16 g KH, 7 g BST

Sachregister

Rezeptregister

G

H

J/K

L

M

N/P

Q/R

S

HINWEIS

Die Ratschläge in diesem Buch wurden mit größter Sorgfalt von Autoren und Verlag erarbeitet und geprüft. Eine Garantie kann jedoch nicht übernommen werden. Ebenso ist eine Haftung der Autoren bzw. des Verlags und seiner Beauftragten für Personen-, Sach- oder Vermögensschäden ausgeschlossen. Erkrankungen mit ernstem Hintergrund gehören in ärztliche Behandlung! Bei bereits bestehenden Beschwerden kann das Buch daher keinen fachärztlichen Rat ersetzen.

HILFREICHE ADRESSEN

BerufsVerband Oecotrophologie e. V.
www.vdoe.de/beruf/vdoe-expertensuche

Bundesverband Deutscher Ernährungsmediziner e. V.
www.bdem.de

Deutsche Gesellschaft der qualifizierten Ernährungstherapeuten und -berater e. V.
www.quetheb.de/expertenpool/

Verband der Diätassistenten – Deutscher Bundesverband e. V.
www.vdd.de

Verband für Ernährung und Diätetik e. V.
www.vfed.de

Die Ernährungs-Docs

Dr. med. Viola Andresen ist Fachärztin für Innere Medizin und leitet das Bauchzentrum am Medizinicum Hamburg. Sie beschäftigt sich mit chronischen Verdauungsbeschwerden, funktionellen Magen-Darm-Erkrankungen sowie Ernährungs- und Palliativmedizin. Sie hat als Koordinatorin an der Erstellung der Deutschen Experten-Leitlinien für Reizdarmsyndrom und Chronische Obstipation mitgewirkt und engagiert sich in nationalen und internationalen Fachgesellschaften. Das Team der NDR-Ernährungs-Docs verstärkt sie seit Januar 2023.

Dr. med. Jörn Klasen ist Facharzt für Innere Medizin mit Schwerpunkt Magen-, Darm- und Lebererkrankungen, Ernährungsmediziner sowie Arzt für Anthroposophische Medizin und Naturheilverfahren. Er kombiniert die konventionelle Medizin mit komplementärmedizinischen Methoden. Über 15 Jahre war er Chefarzt und zehn Jahre stellvertretender ärztlicher Direktor am Asklepios Westklinikum Hamburg. Seit 2015 ist er leitender Arzt des Zentrums für integrative Medizin mit eigener Praxis am Medizinicum Hamburg. Er gilt als Experte für die Kombination von Schulmedizin und Naturheilkunde.

Dr. med. Matthias Riedl ist ärztlicher Direktor der von ihm 2008 gegründeten medicum Hamburg MVZ GmbH, die Diabetologie und Ernährungsmedizin mit neun angrenzenden Facharztrichtungen ganzheitlich verbindet. Der Internist, Diabetologe und Ernährungsmediziner ist außerdem als Publizist für Fachzeitschriften und Verlage, Dozent auf internationalen Kongressen und Lehrbeauftragter zweier Universitäten tätig. Im Vorstand des Bundesverbands Deutscher Ernährungsmediziner (BDEM e. V.) engagiert er sich für die Förderung der Ernährungstherapie. Das Magazin „Focus" nahm ihn 2013 in seine Empfehlungsliste „Top-Mediziner" auf.

Dr. med. Silja Schäfer ist Ärztin für Allgemeinmedizin und Ernährungsmedizin und führt eine Schwerpunktpraxis für Diabetes und Ernährung in Kiel. Als ehemalige Leistungssportlerin und Trainerin interessierte sie sich schon früh für gesunde Ernährung. Jetzt als Hausärztin liegt es ihr am Herzen, eine gesunde und gesunderhaltende Ernährungsweise für alle zu ermöglichen. Seit Januar 2020 ergänzt sie das Team der Ernährungs-Docs im NDR.

ZU DEN AUTOR*INNEN

2015 schlug im NDR die Geburtsstunde einer bisher einzigartigen Fernsehreihe: Seither helfen die „Ernährungs-Docs“ Menschen, die an ihren Gesundheitsproblemen beinahe verzweifeln. Für die erfahrenen Ärzte **Viola Andresen, Jörn Klasen, Matthias Riedl** und **Silja Schäfer** gilt: Essen als Medizin! Sie setzen gezielt auf moderne Ernährungsstrategien, um Symptome deutlich zu verbessern oder Krankheiten sogar zu heilen. Und beweisen in ihrer Hausboot-Praxis, dass durch eine Umstellung der Gewohnheiten oftmals schon innerhalb weniger Monate erstaunliche Erfolge erzielt werden können.

Eine Auswahl weiterer Bücher:

- → Die Ernährungs-Docs
- → Diabetes heilen
- → Starke Gelenke
- → Gute Verdauung
- → Unsere Anti-Krebs-Strategie
- → Zuckerfrei gesünder leben
- → Gesund und schlank durch Intervallfasten
- → Unser Anti-Bauchfett-Programm
- → Gesund abnehmen mit der Darm-fit-Formel

IMPRESSUM

Hinter jedem tollen Buch steckt ein starkes Team

Projektleitung: *Kathrin Ullerich*
Texte: *Franziska Pfeiffer*
Rezepte: *Martina Kittler*
Lektorat: *Kathrin Gritschneder*
Redaktionelle Mitarbeit: *Josephine Danneberg*
Covergestaltung: *Ina Zimmermann*
Grafische Gestaltung und Satz: *Ina Zimmermann, Georg Feigl*
Fotografie: *Claudia Timmann*
Foodstyling: *Susanne Walter*
Herstellung: *Frank Jansen*
Producing: *Jan Russok*
Druck & Bindung: *optimal media GmbH, Röbel*

In Zusammenarbeit mit und lizenziert durch nonfictionplanet GmbH, Hamburg

1. Auflage 2024

Kaiserstraße 14 b
D-80801 München
ISBN: 978-3-96584-383-7

BILDNACHWEIS

Pauline Karlson: 9, 29; Shutterstock: 6, 18, 20, 23, 25, 26, 27, 36, 37, 38, 39, 40, 41, 47, 48

LIEBE LESERINNEN, LIEBE LESER,

wie schön, dass Sie ein Buch von ZS in den Händen halten. „Jetzt leben!“ ist das Motto unseres Verlages. Es steht für Genuss und Inspiration, Unterstützung und Motivation. Ob Kulinarik oder Fitness, Gesundheit oder Lebenshilfe – seit über 30 Jahren bieten wir kompetente Ratgeber für (fast) alle Lebenslagen. Wir lieben Tradition genauso wie Innovation – sie treiben uns an. Unsere Autorinnen und Autoren sind Menschen, die zu ihrem Thema wirklich etwas zu sagen und zu schreiben haben. Unsere Produkte sind erzählerisch, appetitmachend und als gedruckte Bücher haptisch echte Erlebnisse. Für Sie mit ganz viel Liebe gemacht! Entdecken Sie mehr aus unserer wunderbaren Welt!

UNSER VERLAGSHAUS

Mit Standorten in Hamburg und München zählt die Edel Verlagsgruppe zu den größten unabhängigen Buchanbietern Deutschlands. Zur Gruppe gehören die Verlage Dr. Oetker Verlag, Edel Sports, KARIBU und ZS.

ZS - Ein Verlag der Edel Verlagsgruppe
www.zsverlag.de
www.facebook.com/zsverlag
www.instagram.com/zsverlag

FÜR DIE UMWELT

ZS unterstützt bei der Produktion dieses Buches das Projekt „Junge Riesen für die nächsten 100 Jahre“ im Naturpark Nossentiner/Schwinzer Heide. Damit wird ein Anteil der unvermeidbaren CO_2-Emissionen im direkten Umfeld des Produktionsstandortes kompensiert.

PARTNER
Naturpark Nossentiner / Schwinzer Heide
www.optimal-media.com/naturschutzprojekt-001

NEWSLETTER

Was koche ich heute Feines? Und wie geht das – schmackhaft und gesund?

Melden Sie sich jetzt zum ZS-Genuss-Service an und verpassen Sie keine kulinarischen und gesundheitlichen Trends mehr. Wir informieren Sie regelmäßig über unsere Neuerscheinungen, Aktionen oder Gewinnspiele und verraten Ihnen unsere Lieblingsrezepte!

GEWINNEN

Unter allen Neuabonnierenden verlosen wir jeden Monat eine *ZS-Genuss-Box* im Wert von 75,00 €.

Jetzt anmelden unter:
www.zsverlag.de/newsletter
oder den QR Code scannen:

ANMELDEN!